18歳からの授業LIVE 政治参加

アクティブ・ラーニングで学ぶ

主権者教育
【授業事例集】

監修　橋本康弘（福井大学教授）
　　　藤井　剛（明治大学特任教授）

清水書院

もくじ

論考 **1**
主権者教育の新潮流に求められるもの
「直接的な政治との関わり」の重要性 ·················· 5

論考 **2**
政治と直接関わる主権者教育事例 ························· 13

実践事例

事例 **1** 〈 基礎 〉 `投票行動` `狭義`
「いいね！」シートを使って模擬投票をやってみよう ······ 26

事例 **2** 〈 基礎 〉 `投票行動` `狭義`
選挙にいかないと損をする？ 1票のお値段 ············· 38

事例 **3** 〈 基礎 〉 `投票行動` `広義`
多数決を疑おう！ 選挙シミュレーション ·················· 50

事例 **4** 〈 基礎 〉 `政治分野` `広義`
グラウンド争奪戦 ルールづくりと立憲主義 ············· 62

事例 **5** 〈 基礎 〉 `政治分野` `広義`
ローザ・パークスを知ってますか？ 参政権の意味 ········ 76

事例 **6** 〈 基礎 〉 `経済分野` `広義`
シルバー民主主義をこえて 時間と選択と投票 ············ 88

事例 **7** 〈 基礎 〉 `政治分野` `広義`
みんなのおかげでフリーライダー 租税から政策を考える ··· 100

事例 **8** 〈 発展 〉 `法分野` `広義`
死刑廃止法案を審議しよう 模擬議会 ···················· 114

事例 9 〈 発展 〉 投票行動 広義
地域の願いをかなえよう 模擬請願 ・・・・・・・・・・・・・・・・・・・・ 126

事例 10 〈 発展 〉 政治分野 広義
政党を作ってマニフェストを考えよう 政策討論 ・・・・・・・・・ 140

事例 11 〈 発展 〉 労働法 広義
「私の名前はパンチョスです！」労働法と権利 ・・・・・・・・・ 154

事例 12 〈 発展 〉 投票行動 狭義
根拠（思想）をもって政策づくり 政策提案 ・・・・・・・・・・・・ 166

事例 13 〈 発展 〉 経済分野 広義
社会保障から主権者教育 資料を読み取る ・・・・・・・・・・・・・ 180

事例 14 〈 発展 〉 投票行動 広義
18歳の君へ 地歴・公民コラボ授業 ・・・・・・・・・・・・・・・・・ 194

事例 15 〈 基礎 〉 外部連携 広義
街の良い点・気になる点を通して
政治への関わりについて考えよう ・・・・・・・・・・・・・・・・・・・・・・ 206

論考

主権者教育の新潮流
―「直接的な政治との関わり」の重要性

1．はじめに

　改正公職選挙法が施行（2015年）されて2年がたった。この間、参議院議員通常選挙もあり、高校生を対象とした主権者教育の先進的な実践が各地で取り組まれてきた。文部科学省と総務省が「提案」した『私たちが拓く日本の未来』（2015年）に基づく実践、選挙管理委員会等が行う「出前授業」に依拠した実践等である。また、この間、主権者教育に関する実践事例集も多数提示されてきた。主権者教育を行う基盤は着実に作られつつある。本稿では、主権者教育の定義を確認した後で、主権者教育に必要な要素について考察し、「直接的な政治との関わり」の実際とその意義についてまとめてみることとする。

2．官による主権者教育とその「定義」

　主権者教育という言葉は、「18歳選挙権年齢」を実現した公職選挙法の一部改正における参議院の特別委員会における付帯決議に示されている。付帯決議は、次のような内容であった。

　　本法により新たに有権者となる若年層において、民主主義の根幹である選挙の意義等の十分な理解が進むことが本法施行に前提ともなるべき重要な事柄であることに鑑み、主権者教育及び若者の政治参加意識の促進に向けた諸施策を速やかに実施するとともに、その一層の充実を図ること

　また、この付帯決議を審議する参議院の特別委員会において、付帯決議の提案者は次のような答弁を行った。

　　18歳選挙権の実現に向け、政治教育、主権者教育の充実は極めて重要である。現在も、学習指導要領には、憲法や選挙制度、その仕組みについて教える記述はあるが、18歳選挙権が実現したら、高校生の一部が選挙権を持つことになるので、民主主義社会における政治参加意識を高めるため、国や社会の問題を自分たちの

> 問題として考え、捉え、行動していく、主権者としての素養を身につける教育を
> 充実させていくことが大変重要であり、（以下、省略）

　この答弁に官が考える主権者教育の本質が示されているのではないか。すなわち、「政治参加意識を高める」ことを目標に置き、「国や社会の問題」を「自分たちの問題」として多面的多角的に考察することが出来る、そして、行動することができる、そういった主権者の育成を射程に入れているのではないだろうか。

３．私による「主権者教育」とその「考え方」

　次に私、本稿では、学会レベルを想定して、その「考え方」をまとめていきたい。この間、社会科教育学の研究分野では、「政治参加」を促す教育に関しては、主権者教育という言葉はあまり使われず、有権者教育、シティズンシップ教育、「社会参加」学習論として整理されてきた。本稿では、特に「社会参加」学習論を取り上げたい。

　「社会参加」学習論は、子どもたちが「社会参加」を行うことを目標とする。そのための内容・方法をカリキュラム化しようとするものである。アメリカ合衆国のサービス・ラーニングとしての「社会参加」学習論は、コミュニティにおいて様々実施されている一般成人や高齢者に対するサービス活動に生徒を参加させようとするものである。この「サービス・ラーニング（注）」は、「直接的な政治参加」と異質なもののように感じるかもしれないが、本質的には、いずれも「参加民主主義論」に依拠しており、子どもは参加することでより良く学ぶことができる、といった考え方を起点とする社会的実践への参加があって始めて、学びが深まるといった考え方である。「官」による主権者教育の定義でも触れられている「行動する」主権者を育てるためには、直接的な参加があって始めて、それが可能になる、といった考え方である。

４．直接的な政治との関わりを行う事例

　筆者は最近、「教室」といった狭い空間での議論だけではなくて、直接的な政治との「関わり」こそが、主権者教育に求められる要素ではないか、と感じている。本書では、次項の「主権者教育の先進事例」に示されているものがそれに該当する。本稿では、特に、筆者が取り組みに関わった事例を踏まえて、主権者教育に求められる要素について言及したい。

(1)福井県坂井市の「一日議会塾」とは

　筆者は、2016年度と2017年度に渡って、福井県坂井市議会の高校生向け「一日議会塾」の取り組みに関わった。この取り組みは、坂井市内に位置する3つの県立高校（坂井高校、丸岡高校、三国高校）の高校生を対象に、現在、坂井市議会が検討している『ふるさと創生プロジェクト』に示される5つの政策パッケージ（移住・定住の促進、都市基盤整備、女性の活躍推進、少子化・高齢化対策、経済・観光の活性化）について、高校生がこれらの政策についてどのように捉えているのか、坂井市の活性化につなげるためにはどのような取り組みが必要なのか、について、市議会議員全員が学校に出向き、直接生徒からヒアリングし、その内容を議会の質問等に活かしていこうというものである。

　福井県坂井市は、福井県の北部に位置し、人口9万2千人を擁する都市である。また坂井市は、東洋経済新報社が行った「住みよさランキング」で全国800都市のうち、トップ5に5年連続でランキングされる都市である。ただ、人口減少時代に突入して、税収が減少することにより、「公共サービス水準が低下」したり、「地域公共交通が衰退」したり、「限界集落や空き地・空き家が増加」したりしている。その人口減少に対応すべく提案されたのが、『ふるさと創生プロジェクト』であり、このプランについて、高校生の意見を聞こうとしたのである。

丸岡高校での議会塾の様子
議員（右写真の2名）が直接生徒にヒアリング

(2)「一日議会塾」の実際―丸岡高校の場合―

　丸岡高校PTAは、市議会議員に政策の在り方について意見をぶつけるために、「政策一覧表」を作成し、この「政策一覧表」に掲載されているもののうち、どの政策が重要かについて、家族で相談することを求めた（「ファミリー・フォーカス」）。そしてあがってきた政策の在り方は、次の通りである（多様なテーマが提案されたが次のテーマ①、②、⑤を事例とすることとなった）。

テーマ①　移住・定住の促進（上位5つ）
　◎このまま住み続けるためには？
　　○若者の人気スポットの誘致
　　　（アニメイト・コストコ・ラウンドワン・アウトレットモール）
　　○もっと魅力をうまくPRする
　　○企業誘致、工業団地
　　○安定した職業につくことができる
　　○魅力のある職業につくことが出来る
　　○まわりに施設やスーパーなど利用できる環境がととのっていること
　　　（イオンショッピングセンター）他
　　○楽しいイベントをつくる
　　○バス路線を増やす
　◎戻ってきてもらう（Uターン）ためには？
　　○戻ると特典があるようにする

○就職先の斡旋、サポート

◎他から移り住んでもらう（Ｉターン）ためには？

○他とは違う移住の特典（住居など）を考える

○移住・定住した際のメリットをHPで掲示

○Ｉターン窓口を設置し生活支援を行う

テーマ②　道路や交通網などのインフラ整備（上位5つ）

◎安心して安全に暮らせるためには？

○歩道を増やす、広くする、手すりをつける、ガードレールを増やす

○道路の定期的な点検、道路の凸凹の改修

○融雪装置を増やす

○道路を増やす、広くする

◎便利に暮らせるためには？

○バス、コミュニティバスの本数を増やす、路線を増やす

○電車の本数を増やす

○免許がない人への運賃を安くする

○丸岡に駅をつくる

○公共交通機関は土日・祝日も変わらず運行する

○駅と公共施設、病院をつなぐバスを運行する

◎その他

○交通ルールを守る、マナーの徹底

テーマ⑤　経済活性化に関して（上位5つ）

◎丸岡城周辺が賑わうためには？

○イベントの開催　継続（ネットを通じた情報発信）

○祭りの開催

○コンビニ・店を増やす

○子ども若者をターゲットにした総合店舗設備の誘致

○もっとPR

◎地元で新しい商売をするとしたら？

○丸岡の特産スイーツ店

○おしゃれなご飯屋さん

○地元の食材を使ったものを作って売る

　テーマ毎に、「ファミリー・フォーカス」であがってきた政策の在り方を踏まえ、生徒は、自身が関心のあるテーマを決めて、議員を「説得」するための「言説」を事前に考える。そして「本番」。グループ毎で、議員と自身が関心のあるテーマについて議論をしていた。

議員：どうやって坂井市を盛り上げるのか。提案をお願いします。

　生徒：イオンを誘致する。

議員：都市計画上、何を立てなくてはならないのかは規則で決まっている。また企業が入ってくるかどうかは企業の判断に委ねられてしまう。春江（坂井市）はチェーン店も多く入ってきている。商業地としての魅力は十分ある。

　生徒：ワンダーランドの土地がもったいない。そこにイオンを誘致できないのか。

議員：企業は商売として見ている。商売が成り立たないと企業に入ってもらえない。

　生徒：企業が商売として魅力を感じてもらうためには、例えば、企業誘致のための補助金を出せないのか

議員：補助金を出したとしても、お客さんが来ることができるような手立てが必要になる。JR、えちぜん鉄道、バス、様々な公共交通機関があるが、その場所に行くのに乗り換えをしないといけない場合は、人の足が遠のく。お客さんの足の確保も考えないといけない……

　議員との「交流」の後で、坂井市議会議長は、生徒を前にして次のように話をした。

　皆さんとの意見交換を踏まえて、（市長や副市長などの）理事者に要望をしていきたいし、議会での質問に活かしていきたい。

　本取り組みはファミリー・フォーカスで上がってきた政策について特に議論をした。生徒も熱心に取り組んでいた。一方で、PTAが作成した「政策一覧表」で賛意が得られなかった政策も多数あった。例えば、「超高齢者の免許取り消し」や「北陸新幹線の早期延伸」は「ゼロ票」であった。これら「ゼロ票」であった政策が「なぜ賛意が得られなかったのか」を議論することも大切ではないかと感じた。

5．直接的な政治との関わりを行う事例の意義―おわりに代えて―

　本稿では、主権者教育の定義の後に、主権者教育実践のうち、「直接的な政治との関わり」を示す事例を中心に紹介した。丸岡高校では、この後、議員側から、丸岡高校の生徒が利用する「丸岡バスターミナル」の改修後のイメージ図を生徒自身が描くことを提案された。高校生自身が実際に利用しているバスターミナルを自身が設計できるチャンスを得たのである。また、議員との懇談では、普段困っていることをぶつける生徒もいた（「○○の交差点に信号機をつけてほしい」「○○に街灯をつけてほしい」「○○の歩行者用信号はすぐに赤になる、高齢者もいるので、青の時間を長くしてほしい」等）。「直接的な政治との関わり」は、「政治的中立性」の問題もあり、慎重に行う必要がある。一方で、坂井市議会のように、全ての議員が市下の高校に乗り出し、高校生と身近な政治について語る場合は特定の政党の議員だけを呼ぶとかではないので、特に大きな問題にはならない。また、高校生自身が住んでいる町を今後どうしたら良いのか、について考える機会なので、生徒は切実性を感じやすいし、高校生自身が普段の生活で困っていること等、誰でも意見が言える。誰でも何かしら意見が言える、生徒が切実性を感じやすい問題を取り上げる、そのような取り組みを行うことで、主権者教育はどんな学校でも実施可能になる。また「直接的な政治との関わり」の実践では、政治家をより身近に感じることができるようになる。そうすることが、卒業後も（地域）政治と向き合うことにつながる。一方で、政治家側も、高校生の意見をしっかり受け止める必要がある。坂井市議会の場合は、高校生の意見を議会

での質問に組み込むことを高校生に約束していた。そうすることが、生徒の政治に対する信頼感を高めることになる。この取り組みの後、丸岡高校の生徒は、次のような感想を書いていた。

> 「私たちの要望をしっかり受け止めて下さって、できる限り実現出来るようにすると言ってくれたので、私たちに一生懸命向き合ってくれているのだなと思い、嬉しく感じました」
> 「真剣に私たちの話を聞いて下さって、私たちの意見のうえに更に議員の方が意見を出してくれてうれしく思いました」

「直接的な政治との関わり」を行う事例は、国や都道府県レベルよりも市町村レベルで実施したい。それが、身近な政治に関わる第一歩になるからである。

（参考文献）
桑原敏典「社会参加と公民教育」『新版社会科教育事典』ぎょうせい、2012年、pp.210-211.

（注）唐木清志を中心に研究が進められてきた。詳しくは、唐木清志『アメリカ公民教育におけるサービス・ラーニング』東信堂、2010年

（橋本康弘）

論考

政治と直接関わる主権者教育の先進事例

　論考に続きこの章では、全国で実践されている主権者教育の中で、先進的な取り組みを紹介する。是非参考にしていただき、各地の実践の中に取り入れていただきたい。

　なお、ここで紹介する実践は、すべて筆者が参加・見学したものである。

1. 青森県高校生模擬議会

⑴ 企画の背景

　青森県選挙管理委員会は、これまでも高校への出前授業を行ってきた。出前授業は「模擬選挙」も行っているが、授業の中にグループ討議も取り入れ、グループに分かれて模擬選挙のテーマ（例えば「人口減少」）について解決策を話し合ってもらっている。そのグループ討議では、「せっかく良い意見や解決策が出たのに、発表の場がない」との意見や反省があった。その発表の場の確保が今回紹介する「高校生模擬議会」である。

　目標は、地域の課題を研究・考察してもらうことにより、高校生に主権者としての意識を持たせ、政治・選挙に関心をもって政治に参加させることである。また、参加する青森県議会議員にも若者の「フレッシュな提案」に触れてもらい、今後の政策形成に役立ててもらうこともある。

⑵ 開催の手順

　2017年、「高校生が身近な課題を解決するプレゼンテーションを、県議会議員に行う」という企画を選管がたて、県教育委員会を通して高等学校に企画を提案し、最終的には5校が参加することとなった。

　参加校については、学年の生徒に広く地域課題の政策提案を学んでもらったり、考えてもらったりして県議へ提案を行うことを条件とした以外、具体的な取り組み方法は実践校に任せた。そのため、取り組みは高校ごとに異なるものとなった。

　参加する県議に関しては議会事務局と相談し、「高校生模擬議会」を県議会の広報活動の一環ととらえ、広報図書委員会のメンバーとした。

政治と直接関わる主権者教育の先進事例—13

(3)各高校の取り組み

前述したように、県議へのプレゼンテーションを行う代表選出などについては実践校に任せたため、学校によって取り組みは大きく異なるものとなった。代表的な取り組み方法2種類を以下にあげる。

①立候補型

八戸工業大学第二高等学校では、第2学年の有志が「青森県の良いところ、残念なところ」「20年後の青森県に期待すること、なりたい自分」などをテーマに、青森中央学院大学佐藤淳先生を講師に迎えワークショップを開催した。高校生の他に保護者、卒業生や市内在住の方々など約30名が参加し「20年後の青森と自分たちのために、なにが出来るのか」を真剣に話し合った。ワークショップ終了後、そのような課題解決に興味を持った14名が「高校生模擬議会」に立候補して準備を始めた。

②ボトムアップ型

青森県立青森西高等学校などでは、学年の各クラスを6～7名の班に分け、「地域課題を設定し、その解決策を提案する」プレゼンテーション大会をクラス内で行いクラス代表を決めた。さらに各クラス代表によるプレゼンテーション大会を学年集会で行い、学年代表の「高校生模擬議会」出場班を決定して、「高校生模擬議会」に向けてさらに準備を進めた。

(4)「高校生模擬議会」実施当日

2017年2月9日（木）の13時から、青森県庁の大会議室で開催された。高校生が15分間県議に対してプレゼンテーションを行い、その提案に対して県議が質問等を10分間行うという形式で進められた。発表校（順番）とテーマをあげると

①五所川原第一高等学校「一高生が考える青森県の活性化策」

②青森県立八戸北高等学校「青森県の人口の増大に向けて～ RINGo! 大作戦～」

③青森県立弘前実業高等学校藤崎校舎「青森県の活性化～藤崎校舎からの提案～」

④青森県立青森西高等学校「人口増加大作戦」

⑤八戸工業大学第二高等学校「20年後に輝く青森県のために」

であった。プレゼンテーションの内容は、「農業を通した青森県活性化の提案」「新しい観光コースを開発して、観光業による青森県活性化の提案」「子育て環境など

を整えて人口増加による青森県活性化の提案」などであった。

　それらの提案に対し、県議からは、「農業法人の可能性」「観光のお手伝いをする
ボランティアの条件」「青森県の子育て支援の現状」などの質問や意見が出された。

　また、この高校生模擬議会はインターネットで全国に配信された。

(5)高校生模擬議会の効果

　高校生模擬議会終了後、筆者が参加した高校生へインタビューを行ったところ

①これまで青森県のことを考えたことがある高校生は「ゼロ」だったが、ほぼ全員、
　興味を持って考えるようになったと答えた。

②「政治が身近になったか」との質問に対し、ほとんど全員「身近になった」と回
　答した。

③自分たちの提案に対して、議員からの質問などを受けて、「なるほど」「そこが実
　施上の課題か」と全員肯定的にとらえていた。「批判された」「否定された」「嫌
　な気持ちになった」との回答はゼロだった。

④「18歳になったら選挙に行くつもりだったか」との問いに対し、全員がそのつも
　りだったと回答したが、これまでも選挙に関心があったか、または、高校生模擬
　議会などの活動を通して気持ちが固まったと感じられた。

などの回答を得た。このインタビューより、「政治・選挙に関心をもって政治に参
加させる」という当初の目標は、ほぼ達成できたと考えられる。

　なおその後に開かれた県議会では、参加した２人の議員が、高校生模擬議会での
提案をもとにした関連質問をしている。

　また、高校生模擬議会に参加した高校生に、開催から約４か月たった2017年５月
末にアンケートをとったところ

・私も地域のために役に立つことをしたいと考えるようになった。

・八戸の郷土料理であるせんべい汁を使って八戸をPRする「せんべい汁研究所」
　に参加して、B－1グランプリにボランティアで参加してきました。

・県議会や町の議会の広報を見るようになりました。

・青森県に外国人を誘致するために、通訳という夢が出来ました。

・地元の新聞を読むようになりました。

・高校卒業後、青森から離れようと思っていたが、残ろうと考えるようになった。

・今年の夏休みに観光ボランティアをすることにしました。

などの記述があった。いずれにせよ、政治を身近に感じたり、地元への貢献を考えるようになったことが読み取れた。

　以上のように「高校生模擬議会」は、高校生の政治的有用感を高める実践として他の都道府県でも参考にしていただきたい事例といえる。

(6)著者からひとこと

　課題や改善点は散見されるが、今回は「第1回議会」であり、今後の実践の積み重ねで、県議も高校側も慣れてくることが十分予想される。高校生が県議に対して「このようなことをして欲しい」とプレゼンを行う実践は、山形県など各地で見られるが、学年で課題を見つけさせたり、改善策をプレゼンしてまとめさせたりとの「学校（学年）ぐるみ」のボトムアップを目指す実践は、おそらく青森県が初めてであり、今後の実践の積み重ねが注目される。

２．高知県立中村高等学校のパネルディスカッション

(1)企画の背景

　「18歳選挙権」実施を念頭に置いて、中村高校校長が「本校の生徒と県会議員とのパネルディスカッションを行いたい」と企画を始めた。県議とのディスカッションを通して、社会的関心や主権者としての自覚、政治参加の意識を高めることを目的とし、

①政治家と議論できることで政治家（県議）を身近に感じることができる

②討論を通して政治的課題を深めることが出来る

③パネラーの高校生だけでなくフロアの生徒の有用感や政治的関心を高めることが出来る

ことを目的とした。

(2)開催の手順や取り組み

①中村高校校長は、高知県議会総務委員会に「高校生と県会議員とのパネルディスカッション」を行いたいと提案・説明、各会派に参加を呼びかけた。呼びかけに応じた県議の日程を調整し2016年11月16日の午後に実施することとなった。参加

県議は、自民党、共産党、無所属の3名である。

②実施決定後、生徒代表のパネラーを校内で公募した。最終的に、3年生1名、2年生3名が立候補した。その他の2、3年生は会場の体育館のフロアで傍聴することとなった。

③高校生のパネラーの検討会と模擬討論でテーマを、「日本の安全保障」と「高知県の少子化対策」の2テーマに決定した。

④パネラーの生徒4名は、2か月くらい前から準備を開始した。週1回程度の予習などを行い、直前は地歴・公民科教員を県議に見立てての「模擬討論」を行った。

(3)パネルディスカッション当日

当日は、

A．各テーマ討論時間は40分ずつ

B．各テーマごと、それぞれのパネラーから主張・提案を2～3分

C．その後、自由討論に移る

D．討論が行き詰まったりした場合は、フロアから意見や質問を受け付ける

という時程で進行した。

県議・高校生のパネラーは、自分たちの主張や提案をパワーポイントなどにまとめて発表し、その後討論に移った。

はじめのテーマは、「日本の安全保障」であったが、さすがに「大人」と「高校生」の知識量の差が出てしまった印象は否めなかった。また、事前に県議と発言時間の確認をしていなかったため県議の発言が長く、高校生のパネラーの発言時間を十分確保することが出来なかった。2番目のテーマである「少子化対策」は、高校生も自分の体験などを通して、新しい視点の提案や意見を述べていた。

(4)パネルディスカッションの効果

パネル終了後、参加県議、高校生たちにインタビューを行った。以下、主な意見をあげる。

①県議：高校生との討論を楽しんだ（県議の2人は中村高校の卒業生）。特に少子化対策の提案は新しい発想があり、今後議会で対応したい（後日、県議会で高校生からの提案を活かして一般質問などが行われた）。

②パネラーの生徒：政治や身の回りの問題に関心を持つきっかけとなった。一人の国民、高知県民として自分の意見を持たなければならないと思った。県議に、高校生目線の考えを伝えることが出来てよかった。コーディネーターの時間配分の問題で、準備した意見などをすべて発言する時間がなかった。県会議員を身近に感じることが出来た。高校生でも政治家と討論が出来るのだと実感できた。

③フロア：パネルの友達が頑張ったと思う。政治家と高校生が議論できるのだとあらためて感じた。フロアからももっと質問や意見が言いたかった。県議とはこのような人だと実感できた（パネル後実施したアンケートでは、「今回のパネルで、社会や政治に関心を高めるきっかけになったか」という問いに、95％が「はい」と回答している）。

　以上のインタビューより、「社会的関心や主権者としての自覚、政治参加の意識を高める」という当初の目標はほぼ達成できたと考えられ、高校生の政治的有用感を高め、政治（家）を身近に感じる手法として参考にしていただきたい事例である。

(5)筆者からひとこと

　高校生と県会議員とのパネルディスカッションは、全国のリーディングケースである。その意味でこれから育てていきたい実践である。

　改善点として、

①学校（学年）全体の「主権者教育」という視点から考えると、2、3年生全員が「日本の安全保障」と「高知県の少子化対策」を事前学習して、その学びから得た意見や質問をパネラーに託すというボトムアップ型のパネルディスカッションを考えていくべきだろう。

②国家（国際）レベルのテーマである「安保法制」は、議員側も「勉強してきた」と言っていたように、県議との討論テーマとしては広かったと感じている。高校生側が望んだテーマとはいえ、今後再考する必要があるだろう。

などがあげられるが、このような政治家との対話は、主権者としての意識・経験を持つことが出来る実践だといえる。

3. 宮崎県美郷町の「子ども議会」

(1)「子ども議会」開催の経緯

　宮崎県美郷町が「子ども議会」を開催することになった背景は、宮崎県教育委員会が2007年に、小中高を通じて「ふるさと（地域）」を体系的に学習するための教科・領域として「地域学」を設けたことに始まる。「地域学」の具体化として美郷町では小中9年間で学ぶ新教科「美郷科」を新設した。その9年間の「美郷科」の集大成（出口）として「自分が住む地域の施策を提言しよう」と町への政策提言を行うのが「子ども議会」である。その目的は、「中学校最終学年において、これまでに美郷科や各教科等を通じて学習した内容について生徒自ら故郷に対する課題や意見をまとめ上げ、意見を述べることでふるさと美郷の理解を深め、美郷と自分に対する自信と誇りをもち、美郷と自分の未来について考え、生涯にわたって美郷を愛し続ける心と態度を育む」ことであり、2010年度から現行の形式になった。なお、詳細な説明等は、「小中一貫・連携教育の理念と実践―『美郷科カリキュラム』の実践―」（宮崎大学小中一貫教育支援研究プロジェクト、東洋館出版社、2013年）を参照されたい。

(2)実施までの動き

　2010年度に、美郷町教育委員会が窓口となり、町総務課や町議会事務局と協議・調整を行い、できる限り本物の議会と同じように「子ども議会」を進めることとなった。

　具体的には、中学校が生徒が作成した提言内容や質問事項を事前に議会事務局に送付し、提言内容や質問事項に応じて関係各課の課長や主幹が答弁書やQ＆Aを作成し、答弁は町長や該当の課長が行うこととした。

　美郷町には、美郷南学園、西郷中学校、美郷北学園の3中学校がある。子ども議会の準備は、2年生の3学期頃から各学校ごとに始めているが、細かなカリキュラムや取り組みの内容に関しては中学校ごとに異なっている。ここでは、美郷町南郷地区の美郷南学園の取り組みを取り上げる。

　まず、「南郷地区の課題について調べる」ために、町の行政担当者、地域の企業や事業所、地域の方々にインタビューを行い、生徒自身が興味あるテーマを設定し班に分かれる。それぞれの班は、準備したワークシートなどを活用しながら調査を

行い、校内で発表会を行う。この発表会で出された質問などをもとに再度調査を行い、町への「政策提案」としてまとめ上げていった。

(3)「子ども議会」開催当日

　2016年度は、美郷町議会の議場を会場として8月に「子ども議会」が開催された。議長・副議長は中学生が行い、本物の議会同様、中学生達は議員席に、町の執行部は議長左右の執行部席に座った。生徒たちは1班15分以内の持ち時間で、プレゼンテーションツールを使って町の執行部に対して政策提言を行った。その後、執行部の担当者から質疑を行った後、政策提言に対するアドバイス等を受けるという手順であった。

　提案内容は、産業、農業、観光、教育、少子化対策など多岐にわたったが、執行部による回答がとても丁寧であった。例えば、「年寄りと子ども達とのふれあいの場として、廃校となった小学校の教室を開放し、放課後や休日など『ふれあいの場』『美郷町の文化継承の場』として活用してはどうか」という提案に対し、教育長が「廃校になった小学校は、再度使用する際には耐震工事が必要で、耐震工事は1m²あたり約1万7千円かかります。提案された教室棟の工事を行うためには1億円程度必要であり、現状の町の予算では大変難しいといわざるを得ません。『ふれあいの場』『美郷町の文化継承の場』という提案は大変すばらしいものだと思いますので、委員会としては他の公民館などでの実施を検討してみたいと思います。」と回答していた。「子ども議会」閉会後、提案を行った中学生にインタビューを行ったところ、提案が否定されてがっかりしたり、悔しがってはおらず、かえって「政策提案を行うときは、やはり予算面の調査も必要だと痛感した」と反省していた。その反省に対し引率教諭が「そこまで中学生が調べられないのは当然で、小学校以外での実施を検討してもらえるようだからがっかりしないでね」と言っていたことが印象的であった。

(4)「子ども議会」の成果

　「子ども議会」終了後、生徒たちは感想文を提出する。その感想文には、「今回の政策提案のために、地域の調査をして、現状の過酷さを知りました。しかし、南郷の問題はこれからこうしていけば解決すると、前向きに考えることが出来ました」

「農業など深刻な問題を、ここまで調査したからこそ『南郷の農業を変えたいんだ！残したいんだ！』と強く思えるようになりました」「町長さんはじめ皆さんが、私たちの提案を真剣に聞いて下さり、回答してくれました。町長さんなどたくさんの人たちが、美郷町のことを本気で考えているのだと分かりました」などの感想があり、当初の目的を達成したことが読み取れた。

　以上のように、美郷町の「子ども議会」は、生徒の政治への有用感などを高め、町を活性化していく有効な方法であると言える。

(5)筆者からひとこと

　多くの自治体で「子ども議会」が実施されているが、ほとんどの自治体では、議員も執行部も「子ども」だけで実施し、何かしらの「宣言」を出して終了というフォーマットとなっている。美郷町の取り組みは、9年間の「美郷科」の「出口」である点、町の執行部に提案し回答をもらえる点で、一線を画す取り組みになっている。

　ただし、美郷町のような方式は、そのままの形では人口規模が大きい自治体での実施は難しい。美郷町の方式の良さを活かしつつ、人口規模にも合う何らかの工夫を講じることが、それぞれの担当者には求められる。

　大きな自治体（市レベル）でこのような政策提言が出来ないかというと、同じ宮崎県の日南市では、市内の小学校・中学校から「市への提案」を募り、書類審査を突破した10グループが、市長以下執行部の前でプレゼンテーションを行う（2016年度は約500の提案が集まった）事業（名称は「こんな日南になったらいいな～提案発表会～」）を行っている。市長や執行部は、提案に対して丁寧に回答するだけでなく、実現可能な提案は即座に採用し、早ければその年度内に施策が実現することを約束していた。このように大きな自治体でも工夫次第では、生徒たちの政治への「有用感（＝自分は役に立っているといった、自分の存在を価値あるものと受け止められる感覚）」を高めることが出来る。また、同様の企画も全国各地で実践されている。参考にしていただきたい。

　また、議会側からの働きかけとして、2016年から大阪府議会が高等学校への「出前授業」を行っている。希望する高校に、広報委員会委員長や委員が出向き、「最近のトピックス等を事例に、高校生の生活と政治のつながり」「議会の役割」「政治に関心をもつことや政治参加の重要性」などを講義したり、生徒の質問・疑問に議

員が答える形式での「意見交換（テーマを決めて行う方法も実施している）」を行ったりしている。質問内容が府議会の意思決定がなされていない事項の場合は、個人的、或いは、会派の考え・意見として説明している。いずれにせよ議会による「出前授業」のリーディングケースと言ってよい取り組みである。

4．「第1回　島しょ高校生サミット」

⑴「島しょ高校生サミット」開催の経緯

　東京都は多くの島を有しているが、いくつかの島を除いては、人口減少や高齢化の問題に直面しているのが現状である。また、各島には合計7校の高等学校が置かれている。人口減少や高齢化の中で、高校生は将来の島を背負って立つ人材として期待されているが、生徒達の多くは、高校卒業後、進学や就職で内地に行き、島には帰ってこない卒業生も多い。

　このような現状のもと、将来の島を背負って立つ高校生の代表が一堂に集まり、研修および情報交換を行うことにより、各々の島の良さや他校の取り組みを知り、討論を通して「島や高校の活性化」「海洋文化の発信」などについて提案を考え、今後の活動の活性化を図ることを目的として、「第1回　島しょ高校生サミット」が、2017年7月に、都立大島高校を会場として開催された。

⑵開催までの取り組み

　都立高校のなかで最遠隔地にある都立小笠原高校が、次世代の地域創生人材の育成と島しょ高校生の横のつながりをつくるために提案し、「東京都島しょ高等学校長会」で実施を決め、都立大島高校が第一回開催校、その後それぞれの高校所在地で開催することとし、各校、生徒会役員を中心に学校のリーダーを2名程度派遣することになった。

　また学校によっては生徒数の減少や支援団体がないことで旅費等の予算状況が厳しく、大島町・大島町教育委員会や海洋教育の一環として日本財団や東京大学海洋アライアンス海洋教育促進研究センター、大島高校同窓会等からの後援・支援を仰いだ。

　サミットのテーマ別協議では、「魅力ある学校づくり・島づくり」「海洋文化とその発信」をテーマと定め、事前に、「自分の学校や島の特色、良いところ」「課題や足りないところ」「これまでの実践的な取り組み」、「海洋に暮らしているという自

覚の有無」「海洋に暮らしている良さ」「具体的な海洋文化」等の事前アンケートを
課し、サミット当日にスムーズな討論が行えるよう準備を行った。

　サミット開催の最大の課題は一つの島に集まる「アクセス」だった。台風などに
よって船便が欠航するとサミットそのものが開催できないからである。今回は幸い
にも天候に恵まれ、全員が予定通り集合することが出来た。

(3)「島しょサミット」開催当日

①第1日目（7月24日）

　「島しょサミット」の活動は、大島町役場への表敬訪問から始まった。副町長が対
応し、町の現状と取り組みの説明後、生徒からの質疑が行われた。「人口対策とし
て『農業従事者の定住化を行っている』とのことだが、その効果は？」「ジオパー
クに指定されたとのことだがそれによる観光客の増加は？」など、初めて大島を訪
れた生徒が多い中で、「島」というキーワードで大島の課題等に質問が多く出され、
時間が足りなくなったほどであった。

　その後、大島高校に移動し、各学校・各校生徒会の取り組みの紹介が行われた。
ここでも、「『海』に着目した独自の授業」「浜辺など自然保護の取り組み」などに
ついて、共通した「島」や「学校」の現状や課題を踏まえた上で、各校や島の取り組
みに多くの質問が出された。高校生達は、共通した「島」の現状認識を持ちながら、
それぞれの島の状況や取り組みを知ろうという前向きな姿勢が見られ、休み時間も
「自分の島のこと」「あなたの学校のこと」など、活発な情報交換が行われていた。

②第2日目（7月25日）

　2日目は、「魅力ある学校づくり・島づくり」（3班）、「海洋文化とその発信」
（1班）に分かれ、宿題となっていた事前アンケートをもとに、「目指す学校や島の
姿」「重点テーマ」「活動を活発にするために必要なこと」「活性化のための具体的
な取り組み」、「海洋教育への取り組みを、生徒・学校・地域から考え、新しい取り
組みを提案する」について、討議を行い、その結果や過程、提案を模造紙にまとめ
て発表した。

　発表内容は、生徒が実践していくべきもの、学校に要望していかなくてはならな
いもの、町や村に要望していかなくてはならないものなど多岐に分かれ、具体的な
提案が行われた。内容の詳細はここでは避けるが、大変充実した内容であった。内

政治と直接関わる主権者教育の先進事例─23

容もさることながら、発表態度は堂々としており、わずか2日間の活動でここまで変容するかと驚かされた。

協議結果の発表後、振り返りと閉会式を行い、「第1回　島しょ高校生サミット」は終了した。

⑷「第1回　島しょ高校生サミット」の成果

最後の「振り返り」の結果をあげたい。

「これまで『島（＝地域）』の問題や課題に関心を持っていましたか？」という問いに、20名中9名が手を上げた（このような問いかけに対する20分の9は、他地域に比べ高い数値である。このことから島しょの生徒達は、地域への関心が高いことが分かる）。最後の質問である「今回のサミットで、自分の住み島の問題や課題に関心を持つことができましたか？」という問いには、20名全員が手を上げ、100％意識が変容したことが分かった。

また、「今回のサミットで、自分の住む『島（＝地域）』の『良い点（＝強み）』と『課題（＝弱み）』を知ることができましたか？」「今回のサミットで、他校（＝他の島）の取り組みを知り、参考（＝刺激）になりましたか？」「今回のサミットで、自分の住む島の『課題』を解決する方向性が（少しでも）見つかりましたか？」という問いにも20名全員の手が上がった。さらに「課題解決のために行動を起こす気持ちになりましたか？」という問いには18名が手を上げ、「自分で活動するだけでなく、行政などに伝える必要がある」「たとえばビーチクリーンを行うにも他の島の取り組みを参考にすると効果があることを知った」などの意見が出て、「島しょサミット」の目的である「各島の良さや他校の取り組みを理解し、今後の活動を活性化させる」「リーダーのあり方を学び、島しょ高校生の横のつながりを持つ」ことが達成されたことが分かる。

⑸筆者からひと言

先に紹介した議員への提案などをさらに一歩進め、自分達を「主役」にした「島の活性化、学校の活性化」への取り組みは、まさに広義の主権者教育である。次回のサミットでは、最後の「協議結果の発表」に町村長・町村議会議員も出席してもらいたいと思った。　　　　　　　　　　　　　　　　　　　　　　（藤井　剛）

実践事例

ここからは実際の授業の様子を読みやすく，イメージしやすいようにライブ風に紹介しています。
いろいろな分野からアプローチできるような主権者教育の実践を集めました。
全てを実践する必要はありません。勤務校の実態にあったものをアレンジして授業に落とし込んでいただきたいと思います。

1

投票行動　狭義

「いいね！」シートを使って模擬投票をやってみよう

授業難度：基礎
授業科目：政治・経済
時　間　数：２時間

授業のコンセプト

1. 授業のねらい

①選挙公報、新聞記事、政策比較表など、複数の資料を比較・検討する力を養い、候補者や政党を多面的・多角的に考察させる。

②実物の投票箱と投票記載台を使用して模擬投票を行い、主権者として１票を投じることの意義を体験的に学ばせる。

2. 教材について

①ほとんど全ての高校で実践できる内容です。

②公民科の授業でも、LHRや総合的な学習の時間でも実践できます。

③可能であれば社会科室などの特別教室を使用し、実物の投票箱と投票記載台をあらかじめ設置しておいてください。

④選挙公報、投票箱、投票記載台は、学校がある地域の選挙管理委員会に提供をお願いしてください。ただし選挙公報は丸ごと使うなら、コピーして人数分を配布することも可能です。

⑤新聞記事、政策比較表は、各教員が実際の選挙時のものを収集してください。

⑥実施に際しては、教員の個人的見解の表明は避け、ファシリテーター役に徹するようにしてください。

授業 LIVE

朝の SHR にて

先生： おはようございます。今日の「政治・経済」の授業では、実際の参議院議員選挙を題材にして模擬投票を行います。今から「投票整理券」を配るので、授業の際に持ってくるようにしてください。

生徒1 実際の選挙と同じような体験ができるのかぁ。

生徒2 わぁ、すごく面白そう。

先生： はい。楽しみにしていてください。

〈 第1時 〉

導入10分

先生： 先日、参議院議員通常選挙が公示されました。今日は、実際の候補者の主張を見比べて、模擬投票をしてみましょう。候補者の主張を知るには、どのような方法が考えられますか。

生徒1 テレビとか候補者のホームページ。

生徒2 新聞や街頭で配られているチラシもありますよね。

先生： そうですね。情報源は色々ありますが、今日はまず選挙公報を見てみましょう。

生徒3 選挙公報って何ですか。

先生： 選挙公報とは、選挙に立候補したすべての候補者や政党の政策などが書かれた文書のことです。参院選については各都道府県の選挙管理委員会が発行し、原則として投票日の2日前までに、有権者がいる全世帯に配られますよ。最近はインターネットでも公開されています。

生徒1 へぇ。テレビや新聞だと主要な候補しか報じられないけれど、選挙公報だとすべての候補者のことが分かるんですね。

「いいね！」シートを使って模擬投票をやってみよう―27

先生： では、実際に読んでみましょう。どんな印象ですか。

生徒2： 候補者によって、ずいぶん書き方が違いますね。

生徒3： 文字でびっしりの人がいたり、手書きの人もいたりして面白いですね。

先生： そうですね。選挙公報は候補者の個性が出ているので、マニアの間では人気があるんですよ。

生徒2： へぇ。選挙のマニアなんているんだぁ。

先生： はい。私も実はその一人です。選挙があると、マニフェストやチラシなどを集めていますよ。

生徒1： 先生、そんな趣味があったんですね。

先生： それはさておき、選挙公報はすべての候補者のことを知ることができる反面、書き方が様々なので、比較が難しい面があります。また、当選の見込みが極めて低い、いわゆる「泡沫候補」も載っているので、丁寧に読み込むのはあまり現実的ではありません。

生徒3： たしかに、今回の参院選の東京選挙区では31人も候補者がいるんですね。

生徒2： 31人もいるのに、一人ひとりの主張を比べるのは大変だ。

展開①25分

先生： そこで、この授業では新聞記事を使って、新聞に掲載されている主な候補者16人の主張を比べてみることにしましょう。

生徒1： 16人くらいなら、ちゃんと比較できそうですね。

先生： 記事に載っている候補者の主張と横顔を読みながら、"いいね"と思ったら「候補者"いいね"シート」のハートマークを塗りつぶしましょう。

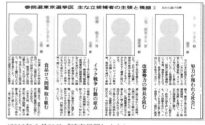

（2016年6月29日『読売新聞』より）

生徒3： なんか、SNSみたいで面白いですね。

28

候補者 "いいね" シート

候補者 （所属政党）		主張と 横顔	質問 【　】	質問 【　】	質問 【　】	総合評価	
蓮 舫 （民進）	Photo	♡	♡	♡	♡	TOTAL：	いいね
山添 拓 （共産）	Photo	♡	♡	♡	♡	TOTAL：	いいね
竹谷 とし子 （公明）	Photo	♡	♡	♡	♡	TOTAL：	いいね
中川 雅治 （自民）	Photo	♡	♡	♡	♡	TOTAL：	いいね
小川 敏夫 （民進）	Photo	♡	♡	♡	♡	TOTAL：	いいね
朝日 健太郎 （自民）	Photo	♡	♡	♡	♡	TOTAL：	いいね
		♡	♡	♡	♡	TOTAL：	いいね
		♡	♡	♡	♡	TOTAL：	いいね

先生： 各自、読み終わりましたか。

（生徒）はい。

先生： では、隣の人とペアになって、どの候補者に "いいね" をつけたか、またその理由について話し合ってみましょう。

（生徒1）僕は若者の声を聞いてくれる人や、貧困問題に取り組んでくれる候補者がいいと思ったよ。

（生徒2）私は、女性や子育て世代のことを重視している人に "いいね" をつけたわ。

先生： みなさん、それぞれ注目している点が違っていて面白いですね。では次に、候補者のことをより詳しく知るために、別の資料を読み比べて見ましょう。同じく新聞記事を使います。記事には、次の9つの質問に対する回答が載っています。すべてを読み比べるのは時間的に難しいので、自分が関心のある質問を3つ選んでください。3つ選んだら、「いいねシート」にその質問の番号を書いてください。質問は次のとおりです。

＊参院選東京選挙区における例

①若者世代にどんな政策を訴えたいか？
②消費増税再延期に賛成か、反対か？
③新たに作るとしたら、どんな法律を作りたいか？
④待機児童問題の対策は？
⑤少子高齢社会において、最重要と考える政策は？
⑥有権者にお薦めの本や映画は？
⑦「舛添都政」は100点満点で何点か？
⑧東京五輪・パラリンピックの会場整備費で、都の負担はどうあるべき？
⑨他の候補者にはない、一番のセールスポイントは？

生徒1　自分は①・⑥・⑨だね。とくに⑥は人柄が分かりそうだし。

生徒2　私は②・④・⑤。やっぱり少子高齢社会への対応が気になるわ。

生徒3　僕は③・⑦・⑧が気になるなぁ。とくにオリンピック・パラリンピックの整備費についての考えを知りたい。

(2016年7月6日『読売新聞』より)

先生： では各自、新聞記事を読み比べながら、「いいねシート」のハートマークを塗りつぶしてみましょう。

生徒1　①の回答を見ると、しっかりと書いている人がいる一方で、一行しか書いていない人もいるなあ。⑥はそれぞれの趣味が分かって面白い。⑨もその人の特徴が出ているね。

生徒2　②の答え、ちょっとむずかしいなあ。デフレ脱却とか、アベノミクスって何だろう。④・⑤はそれぞれの考えが分かるわ。でも、あんまり書いていない人は、この問題に関心がないのかしら。

生徒3　③は色んな答えがあるけど、本当に実現できるのか疑問なものもあるなあ。⑦・⑧は、東京選挙区の候補者ということもあって、丁寧に答えている人が多いね。

先生： いかがでしょうか。それでは、先ほどの「主張と横顔」の評価も合わせて、

トータルで何個のハートマークがついたか、総合評価の欄に記入してください。

[生徒3] ひとつも"いいね"をつけなかった人もいるし、4つ"いいね"をつけた人もいるよ。

[生徒2] 私は4つ"いいね"つけた人が3人もいて、この中から1人選ぶのは大変。

先生： みなさん、すごく悩んでいますね。でも、そうやって悩むことが大切なのです。実際の選挙でも、印象や知名度だけで投票先を決めるのではなく、各候補者の主張や人柄など様々な側面から比較して投票先を決めるようにしましょう。

[生徒1] はい。自分たちの代表者を決めるわけだから、じっくりと吟味することが大切ですね。

展開②10分

先生： では、今回は限られた情報しか検討できませんでしたが、そろそろ投票先を決断してください。投票先が決まった人は、教室の隅にある受付に来てください。その際に、今朝のSHRで担任の先生からもらった「投票整理券」を持ってきてくださいね。

[生徒2] わあ、なんだかリアル。

[生徒3] よーし、この人に決めた！

《模擬投票のプロセス》

実際の選挙に近い投票を体験させるため、次のような手順で実施します。

　(1)生徒：教室の一角に設けた受付に、投票整理券を持っていく。

　(2)生徒：投票整理券と引き換えに投票用紙（選挙区）を受け取る。

　(3)生徒：投票記載台で候補者名を記入する。

　(4)生徒：実物の投票箱に投票する。

※「棄権したい」という生徒には、自分と100％同じ考えの候補者ではなく、自分と最も考えが近い候補者に投票することを提案します。それでも投票先が決まらない場合は「白票」を投じさせます。授業の一環なので原則として「棄権」は不可とし、投票を体験させることを優先させます。

投票箱　　投票箱

「いいね！」シートを使って模擬投票をやってみよう―31

まとめ5分

先生： 全員、投票を済ませましたね。では、何人かに感想を聞いてみましょう。

生徒1 候補者の主張を比べるのは、すごく難しいことだと思いました。やっぱり適当に投票するのはよくないと思うので、実際の選挙ではもっと色んな情報を比べたいと思います。

先生： そうですね。とくに、2013年の参院選からはインターネットを利用した選挙運動が解禁され、候補者や政党はホームページやメールを使えるようになりました。みなさんはスマホを持っている人も多いでしょうから、色々アクセスしてみましょう。他に感想のある人はいますか。

生徒2 はい。今回、投票を体験してみて、意外と簡単なんだなと思いました。投票の流れが分かったので、18歳になったら必ず投票に行きます。

先生： それはよかった。実は2016年に公職選挙法が改正され、同年の参院選から、18歳未満の子どもを連れて投票所へ行くことが解禁されました。みなさんも今度の選挙に、親と一緒に行ってみてはいかがですか。

生徒2 そうなんですか。ぜひ親と一緒に行ってみようと思います。

〈 第2時 〉

導入10分

先生： この時間は、比例代表制の模擬投票をやってみることにしましょう。まずは、選挙公報を配りますね。

生徒1 政党によって面積が違うけど、これはなぜですか。

先生： いいところに気づきましたね。比例代表の選挙公報は、名簿に載っている候補者数に応じて掲載面積が4段階に分かれます。面積が最も小さいのは、候補者が8人以下で1ページの4分の1。最大は候補者が25人以上で、1ページ全面に掲載されます。

(生徒2) へぇ、そうなんだ。選挙区の方は、どの候補者も同じ面積だったけど、比例の方は違うんですね。

(生徒3) 内容を見てみると、政策について詳しく書いている政党もあれば、候補者の写真ばかりの政党もありますね。

(生徒2) これでは、ちょっと比較するのは難しいですね。

展開①15分

先生： 確かにそうですね。そこで参考になるのが、各政党が作るマニフェスト（選挙公約）です。各政党、このような冊子を用意し、演説会場で配布したり、ホームページで公開したりしています（マニフェストを見せる）。

(生徒1) でも、すべての政党のマニフェストを読み込むのは大変ですよね。

先生： はい。そこで役立つのが研究機関（シンクタンク）や新聞社などが作成している「政策比較表」です。今回は、「政治山」という研究機関による「政策比較表」を使って、各政党の主張を比べてみましょう。

https://seijiyama.jp

(生徒2) これなら、各政党の政策の違いがひと目で分かりますね。

先生： この「政策比較表」では、次の17の政策課題に対する各党の主張がまとめられています。この中から、自分が特に重視する課題を2つ選んでください。

> (1)憲法、(2)経済財政、(3)社会保障、(4)保育・少子化対策、(5)女性の活躍、
> (6)雇用、(7)消費税・税制、(8)エネルギー、(9)防災、(10)震災復興、
> (11)農林水産（TPP）、(12)外交・安全保障、(13)拉致問題、(14)教育、
> (15)地方自治、(16)行財政改革、(17)観光・インバウンド

(生徒3) 僕は、憲法と外交・安全保障だな。国のあり方に関わる大切な争点だし。

(生徒1) 自分は雇用と教育。将来の不安をなくしてくれる政党はどこかな。

(生徒2) 私は保育・少子化対策と女性の活躍。今後の社会を考えると、すごく重要な争点だわ。

党 名	政策課題① :		政策課題② :		総合評価
	評価	政策を読んで感じたこと・気づいたこと	評価	政策を読んで感じたこと・気づいたこと	
自 民	♡♡♡		♡♡♡		いいね
民 進	♡♡♡		♡♡♡		いいね
公 明	♡♡♡		♡♡♡		いいね
共 産	♡♡♡		♡♡♡		いいね
維 新	♡♡♡		♡♡♡		いいね
社 民	♡♡♡		♡♡♡		いいね
生 活	♡♡♡		♡♡♡		いいね
日 本	♡♡♡		♡♡♡		いいね
改 革	♡♡♡		♡♡♡		いいね
幸 福	♡♡♡		♡♡♡		いいね
怒 り	♡♡♡		♡♡♡		いいね

政党 "いいね" シート

3年　組　番 氏名

先生： 各自、選びましたね。では、自分が選んだ2つの項目を、「政党"いいね" シート」に記入してください。

〔生徒1〕 今度は各政党の政策を3つのハートマークで評価するんですね。

先生： はい。また、その政党の主張のどこが評価できるのか、簡単に記入してください。

〔生徒2〕 保育については、どの政党も似たり寄ったりだなあ。女性の活躍について書いていない政党もあるけど、何でだろう。

〔生徒3〕 憲法については、改憲派と護憲派に分かれるね。外交・安全保障については、どの政党も詳しく書いてある。集団的自衛権が大きな争点になっているんだな。

〔生徒1〕 雇用については最低賃金について書いている政党が多いなあ。教育ではどの政党も良いことを言ってるけど、財源はあるのかなあ。

展開②10分 ・・・・・・・・・・・・・・・・・・・・・・・・・・・・・・・・・・・・・・・

先生： では4～5人のグループになり、意見交換をしてみましょう。自分がどの政策課題を重視したのか、理由も含めて意見を言ってください。また、各政党の政策を読んで感じたことや気づいたことなどを、グループ内で共有してください。

（グループごとの討議をすすめます）

〔生徒1〕 自分は雇用と教育を重視しました。やっぱり、自分の将来に関わることなので。

各政党の政策を見ると、似たことを言っているけど、財源をどうやって確保するのかが疑問です。

(生徒2) 私も自分の将来に関わる保育・少子化対策と女性の活躍に注目しました。女性の活躍については、しっかり書いている政党とそうでない政党があって、力の入れ具合が伝わってきました。

(生徒3) 僕は国のあり方に関わる憲法と外交・安全保障を重視しました。とくに安全保障については、中国の海洋進出や北朝鮮の核・ミサイル開発問題が気になるからです。この2つの争点については、各政党の意見が真っ2つに分かれていることが分かりました。

先生： 各グループ、色々な意見が出されたようですね。では、ディスカッションの内容も踏まえて、投票する政党を決めてください。

展開③ 10分

先生： では、模擬投票をやってみましょう。参院選の比例代表では候補者名で投票することもできますが、今回の模擬投票では政党名で投票することにします。

(生徒3) うーん、悩ましい。

(生徒1) 自分はこの政党に決めた。

《模擬投票のプロセス》
(1) 先生：投票用紙（比例代表）を配付する。
(2) 生徒：投票記載台で候補者名を記入する。
(3) 生徒：実物の投票箱に投票する。

※「棄権したい」という生徒には、自分と100％同じ考えの政党ではなく、自分と最も考えが近い政党に投票することを提案します。それでも投票先が決まらない場合は「白票」を投じさせます。原則として授業の一環なので「棄権」は不可とし、投票を体験させることを優先させます。

「いいね！」シートを使って模擬投票をやってみよう―35

まとめ 5 分

先生： 模擬投票をしてみて、どんなことを感じましたか。

生徒2 争点によっては、どの政党も似たようなことを主張していて、どの政党に投票すべきか迷いました。

先生： 先生：なるほど。他にはどうですか。

生徒1 各政党の言っていることは、有権者にとって耳ざわりのいいことが多いので、財源がどうなってるのかについて知る必要があると思いました。

先生： そうですね。みなさんが感じたように、選挙公約というのは有権者にとって受け入れられやすいものが多くなります。その場合に、どうやって投票先を決めればいいのか。ここでは、2つの投票行動のあり方を紹介しておきます。1つは「政策争点投票」と呼ばれるものです。つまり、今みなさんが行ったように、各政党の政策を比較して投票するという形です。でも、これを行うのはなかなか大変ですよね。

生徒3 はい。どこも似ている主張の場合は、決めるのが難しいです。

先生： そこで、もうひとつの投票行動のあり方があります。それは「業績評価投票」と呼ばれるものです。これは、政権与党のこれまでの業績の善し悪しを判断し、それに基いて投票するという形です。

生徒1 なるほど。今までに与党が行ってきた政治を振り返って、評価できるなら与党に、評価できないなら野党に投票するわけですね。

先生： そのとおりです。でも、これを行うためには、普段から新聞やニュースを見て、政治の動きを知っておく必要があります。

生徒2 選挙で一票を投じるためには、有権者はそれくらいのコストを払う必要があるわけですね。

生徒3 そういった有権者の不断の努力があってこそ、民主主義は健全に機能するわけかあ。

先生： はい。みなさんも日頃から新聞やニュースを見て、実際の選挙の際には、しっかりとした考えをもって投票してくださいね。これで授業を終わります。

（大畑方人）

新聞や政策比較表を利用する際の注意事項

　実際の選挙を題材とした模擬投票は、「中立」の問題が気になるが、この実践は「中立」の問題をクリアーし、このまま実践しても何ら問題がない授業案である。実際の選挙を利用する際は、マニフェストなどを教員がまとめず、新聞や政策比較表をこの授業のように利用したい。どんなに「中立」に配慮して「比較表」を作成しても、偏った立場からは批判される恐れがあるからだ。その点、新聞を利用すれば、その新聞が責任を持って作成しているので、教員への批判はなくなる。

　若者の棄権理由のベスト5は、政治に関心がない、面倒くさい、投票先が分からない、自分の一票で政治が変わると思えない、住民票を移していないだが、この授業では、「面倒くさい」対策として「模擬投票」で投票は5分で終わることを理解させ、「投票先が分からない」対策として「いいねシート」を作成させて、投票先を簡単に決めることが出来ることを体験させた。その意味で、1回の授業で、棄権のハードルを2つ下げることが出来るすぐれた実践である。

　あとは、「政策比較表」は複数あること、ボートマッチという手法もあることを生徒に示したい。　　　　　　　　　　　　　　　　　　　　　　　　　（藤井　剛）

2

投票行動　狭義

選挙に行かないと損をする？
1票のお値段

授業難度：基礎
授業科目：現代社会
　　　　　政治・経済
時 間 数：1時間

授業のコンセプト

1. 授業のねらい

①高校生が棄権の理由に挙げる、「自分の1票で政治は変わらないのではないか？」という気持ち＝「有用感が低い」をなくすことが目標です。その意味で、「狭義」の主権者教育教材です。

2. 教材について

①ほとんどの高校で実践できる内容です。特に、「お金に敏感な高校生が多い学校」向けです。

②公民科の授業でも、LHRや総合的な学習の時間でも実践できるよう作成してあります。また基本的に「1時間完結型」の教材です。

③この授業案は、別添のパワーポイントとワークシートを使いながら授業を進めるものですが、ワークシートのみを使用しての授業も可能です。

④また作業や説明に時間がかかることが予想される場合には、例えば「大学の学費」の部分をカットしたり、反対に時間が余ることが考えられる時は他の説明等を補足して下さい。また就職の多い学校では、具体例を「奨学金」ではなく、例えば「ブラックバイト対策」や「若者への就職支援」などに変更して実施することもできます。

⑤この授業をうけて、財政の問題や若者の貧困の問題など、公民などの授業に発展させることができます。

授業 LIVE

導入5分 ••

先生： 皆さんは、2015年に選挙権年齢が「18歳」になったことを知っていますね？「18歳選挙権」となって、いろいろ疑問や質問があるのではないですか？

(生徒1) 前から疑問だったんですが、なぜ「18歳」なんですか？ 義務教育が終わったからとか、社会人になったからとか、はっきりした理由があるんですか？

(生徒2) 選挙権が18歳に引き下げられてうれしいのですが、投票先をどうやって決めたらいいのかとか、私の1票で本当に政治が変わるのかなどの疑問があります。

先生： なるほど。この資料を見て下さい ▶PP1 。出典は、2015年の秋に、宮崎県の選挙管理委員会が、宮崎県内の全ての高校生にとったアンケートです。県内の高校生全員にとったアンケートというのはほとんどありませんから、大変貴重なアンケートです。ここで

選択肢	回答人数	※1 Q1で「反対」の生徒に占める割合	※2 全生徒に占める割合
1 政治や選挙に関する知識がないから	4,440	62.9%	14.5%
2 18歳は、まだ十分な判断力がないから	4,189	59.4%	13.7%
5 どうせ投票に行かない人が多いから	3,001	42.5%	9.8%
3 年齢を下げても政治は変わらないから	2,454	34.8%	8.0%
6 まだ社会に出ていないから	1,814	25.7%	5.9%
4 忙しくて投票に行けないから	571	8.1%	1.9%
7 その他	543	7.7%	1.8%
有効回答計	17,012		

※1 Q1で「反対」と回答した生徒(7,055人)に占める割合
※2 アンケートに回答した全生徒(30,632人)に占める割合

PP1

示した資料は、高校生に「18歳選挙権に賛成か、反対か」を質問し、「反対」と答えた人にその理由を聞いたものです。スライドを見て **ワークシート** の **1** に答えましょう。（時間をとる）

1位が「政治や選挙に関する知識がないから」、2位が「18歳は、まだ十分な判断力がないから」、3位が「どうせ投票に行かない人が多いから」、4位が「年齢を下げても政治は変わらないから」ですね。生徒2君の言っていることと同じだね。

(生徒2) 本当だ！

先生： 私はいろいろなところで選挙の話をしますが、高校生の持つ疑問の「ベスト4」はこの4つでした ▶PP2 。

> 2. 「18歳選挙権」で、高校生の疑問！
> ①なぜ「18歳」なの？
> ②投票先はどのように決めるの？
> ③私の一票で政治は変わる？
> ④政治に興味がないんだけれど、選挙に行かなくてはいけないの？
> 　　　　　　　　　　　　　　　　　　　などなど

PP2

選挙に行かないと損をする？ 1票のお値段―39

先生： 今日はこの中で、「選挙に行かないといけないの？」に答えてみたいと思います。言い換えれば「投票に行かないと、何か困ったことがあるの？」がテーマです。 ワークシート の ② に○をつけて下さい。

主権者教育ワークシート

① スライドから、若者が持つ「18歳選挙権」への反対理由（疑問）を４つ選びなさい。

　　・政治や選挙に関する知識がないから　　　・18歳は、まだ十分な判断力がないから

　　・どうせ投票に行かない人が多いから　　　・大人も投票に行っていないから

　　・政治に関心がないから　　　　　　　　　・年齢を下げても政治は変わらないから

② 今日の授業の目標は？

　　・政治や選挙の知識をつけよう！　　　・選挙に行かないといけないのか考えてみよう！

　　・政治への関心をもとう！　　　　　　・私の一票で政治が変わることを学ぼう！

展開①13分 •

先生： ここでちょっとワークシートから離れて根本的な質問ですが、「選挙」ってなんでしょうか？　「選挙」はなんのためにあるのでしょうか？ ▶PP3

生徒1 私たちの代表者を選ぶためです。

先生： そうですね。日本は間接民主制を採用しているから、私たち「主権者の代理人」＝「代表」を選ぶのが選挙です。

> 3. 選挙って何だろう？　なぜあるのだろう？
>
> PP3

生徒2 私たちの意見を表明する機会だと思います。

先生： それもあります。ある選挙の争点が、例えば「集団的自衛権の是非」だとしたら、投票によって国民は意思表示をすることが出来ますね。
いろいろな考えがあると思いますが、私は選挙とは「日本の将来を決めること」だと説明しています。 ワークシート の ③ に「将来」を入れて下さい。

先生： 当然、「日本の将来を決めること」ってどういうことなんだろうという疑問が出てきますよね。
この説明をするとき、私はこんな例を挙げて説明します ▶PP4 。
さて、「累積国債残高」とはなんですか？

> 日本の累積国債残高はいくらでしょうか？
>
> PP4

40

生徒2 なんだったかなあ……。

先生： 「国債」というのは？

生徒1 「国の借金」ですよね。

先生： そうです。「国の借金」です。それが「累積」、つまり「たまりにたまって」2017年度末には、どのくらいになるでしょうか？　「山勘」でいいですよ。

絵梨 100億円くらいですか？

武史 １兆円くらい！

先生： そんなものではありません。なんと約865兆円です。**ワークシート**の**4**に数字を入れて下さい。
皆さん、声が上がりませんね！　ここは驚くところですよ‼
先ほど質問したように、国債とは国の借金でしたね。誰が返すのですか？

生徒3 国民です。

先生： そうです。国民が返すんですね。では、日本の人口を
１億2573万人として、国民一人あたりいくら返すのでしょうか？　**▶PP5**　（時間をとる）

> ４．2017年度末の累積国債残高は？
> 　　→　約865兆円
> ５．日本の人口が、１億2573万人
> 　　だとすると国民一人あたりの
> 　　借金額は？
> 　　→　約688万円
>
> PP5

生徒4 （計算する「間」）約688万円です。

先生： **ワークシート**の**5**に数字を入れましょう。ここもみんな驚くところですよ！
注意してほしいことは、私たちは税金を払っていますよね。その通常払っている税金以上に「688万円」払う、つまり、「増税」という負担をおう可能性あるわけです。さらにもう一点。私は58歳ですので、あと数年たってリタイヤすると収入はほとんどなくなりますから、税金はあまり払わなくなります（間）。そうなんです。私は返済予定の688万円は全額負担しません。皆さんのような若い人が私の分も含めて負担することになるのですから……、皆さんは1000万円以上負担するのでしょうね。

生徒2 え──！

先生： もう少し驚いてもらいましょう。問題は、その借金が年々増えているんです。

生徒1 え？　嫌です‼

選挙に行かないと損をする？　1票のお値段─41

> **主権者教育ワークシート**
>
> ③「選挙」って、なぜあるの？
> 　→日本の（　　　　　）をきめること！
>
> ④ 2016年度末の累積国債残高は？　→約（　　　　　　）兆円
>
> ⑤ 日本国民一人あたりの借金額は？　→約（　　　　　　）万円
> 　→このような借金を「増やすか」「増やさないか」を選択することが選挙です。
> 　　だから選挙とは、「日本の将来を決めること」です。

先生：　でも、その予算を決めているのは、みんなが選んだ国会議員であり、予算を編
　　　　成しているのは国会が指名した首相が率いる内閣なんですよ。
　　　　長くなりましたが、「選挙とは『将来』を決めること」という意味が分かりま
　　　　したか？　「借金をしてでも社会保障を充実して欲しい」「日本はいま景気が悪
　　　　いのだから、借金をしてでも景気対策をして欲しい」のか、「多少社会保障へ
　　　　の予算を減らしても、健全財政、つまり借金を減らすことを目指して欲しい」
　　　　「景気対策と言って公共事業費などをばらまいているけれど、その予算をカッ
　　　　トして借金を減らしたり返して欲しい」のか、私たちが誰に投票するかで決
　　　　まってくるのです。

　生徒3　なるほど。私たちが「どのような議員を選ぶか」に
　　　　よって、国債を増やすか減らすか決めることになるんで
　　　　すね ▶PP5-2 。

　生徒2　だから選挙で「議員を選ぶ」ことイコール「日本の
　　　　『将来』を決める」ことなんですね。

> 4．2017年度末の累積国債残高は？
> 　　→　約865兆円
> 5．日本の人口が、1億2573万人
> 　　だとすると国民一人あたりの
> 　　借金額は？
> 　　→　約688万円
> ☆なるほど、選挙は「日本の将
> 　来を決める」ことなんだ！

PP5-2

先生：　そうなんです。だから、「日本の将来を決める」ために選挙に行くべきだとい
　　　　うことは理解してもらえましたか？　まだ納得していない顔の人がいますね。

展開②15分 ･･････････････････････････････････

先生：　では次は、「選挙に行かないと『損』をしてしまう」と
　　　　いう説明をしてみましょうか。皆さんは、自分の1票は
　　　　いくらくらいの価値があると思いますか？ ▶PP6

> 作業
> 1票の価値を試算してみよう！

PP6

生徒3　1万円くらい。

生徒4　3000円くらいですか？

先生：　学者さんの中には、1票の価値を計算している人もいるんです。では、あなたの1票はいくらでしょうか？　ワークシート の 作業1 の計算を始めてください。ここからの作業は、となりの人と相談しながら進めてもよいですよ。

作業1

①国債が若者一人あたり年間75300円新しく発行されている（損している）。

②「年金などの高齢者1人あたりの給付額」

　　　　　　　　　　－「児童手当など若者1人あたりの給付額」＝59800円

　　　　　　　　　　　　　　　　　　　　　　　　　　　（もらう額が少ない）

☆**若者の1票の価値（損している分）はいくらでしょうか？**

　①＋②＝(　　　　　　　　　　　)円

先生：　（間）　いくらになりますか？

生徒2　「13万5100円」です。

先生：　そのとおりです。先ほど話したように、借金の返済をする若者一人あたり「年間75300円」国債が毎年新しく発行されています。そして若者がもらえるお金、例えば「児童手当など若者への給付」とお年寄りがもらえるお金、例えば「年金などの高齢者への給付」の差は、若者が59800円負けている計算になります。そうすると、お年寄りに対して若者は、①＋②の135100円負けています。つまり、投票に行って「若者向けの政策を実現しろ！」と言わないと、毎年これだけ損してしまうのです。

　　　　あまり驚きませんね。では次の 作業2 の計算を始めてください。

作業2

①1年間の国家予算で、65歳以上を対象とした事業は、65歳以上の国民一人あたり約126万円使われている。

②1年間の国家予算で、65歳未満を対象とした事業は、65歳未満の国民一人あたり約58万円使われている。

選挙に行かないと損をする？　1票のお値段──43

> ☆若者の１票の価値（お年寄りと若者に掛けられているお金の差）はいくら
> でしょうか？
> ①－②＝約（　　　　　）万円

先生： いくらになりますか？（時間をとる）

生徒1 「約68万円」です ▶PP7 。

> 若者の一票の価値にはいくらにな
> るでしょうか？
>
> **PP7**

先生： そのとおりです。１年間の国家予算で、65歳以上を対
象とした事業、つまり年金の支給や老人ホームの建設
などですが、そのお金がお年寄り一人あたり約126万円使われています。また
１年間の国家予算で、65歳未満を対象とした事業、つまり若者の就業対策や保
育所の建設費用などです、そのお金が一人あたり約58万円支出されています。
ですからその差の約68万円分、若者の声が届いていないため損しているのです。
まだ驚きませんか？　では **作業3** をお願いします。

作業3

① １年間の国家予算は約95兆円で、選挙は３年間に一回あるとして、一回の選挙で
「285兆円の予算のゆくえ」を決める計算となる。
②日本の有権者は、約１億人である。
> ☆国民１票の価値はいくらでしょうか？
> ①÷②＝約（　　　　　）万円

先生： いくらになりますか？（時間をとる）

生徒2 「約285万円」です。

> ☆なるほど「選挙に行かないと
> 『損』をしてしまう」ことは納得
> できましたか？
>
> **PP8**

先生： そのとおりです。１年間の国家予算は95兆円を超えて
います。選挙が３年間に一回あるとすると、一回の選
挙で３年分の予算、つまり約285兆円分の使い道を決
めることになります。有権者は１億人ちょっとですから、人数分でそのお金を
割ると「１票＝約285万円」ということになります。
まだまだいろいろな試算はありますが、このあたりで終わりにしましょう。どう
ですか？　選挙に行かないと「損」をしてしまうことが分かりましたか？　そして、
少し「選挙には行ってみようかな？」という気持ちになってきましたか？ ▶PP8

（生徒3）本当に選挙に行かないと損してしまうんですね。行く気持ちになってきました。

展開③15分 ●●●●●●●●●●●●●●●●●●●●●●●●●●●●●●●●●●●●

先生： さて、なぜ私が君たちに選挙に行ってもらおうとしているか分かりますか？

（生徒1）損してしまうからではないんですか？

先生： その通りなのですが、若者の投票率が低いと、若者向けの政策が少なくなってしまうことが問題になるからです。さて、皆さんが、国に行ってほしい「若者向けの政策」はどんなものがありますか？ ▶PP9
ワークシート の 作業4 に書き込みましょう。

> 作業4
> 国などに行って欲しい「若者向けの政策」をあげてみよう！

PP9

作業4　国などに行って欲しい「若者向けの政策」をあげてみよう！

→「大学授業料無償化」「ブラックバイト対策」
　「若者の就職支援」「給付型奨学金制度」「就学支援制度」

　　　　　　　　　　　　　　　　　　　　　　　　などが考えられる。

先生：（ワークシート作業　1分間）
となりの人と答えを見せ合ってみて下さい。いろいろな答えが出てくると思いますよ。
（答えを見せあい確認　1分間）
では、何人かに答えてもらいましょう。

（生徒2）「高校授業料無償化」や「ブラックバイト対策」などがあげられます。

（生徒3）「若者の就職支援」、「奨学金制度」や「就学支援制度」などが考えられます。

先生： 他にありませんか？
（他の生徒を指名する）

先生： なるほど、たくさんありますね。さて、ここでは「給付型奨学金制度」を例にして考えてみましょう。卒業後、進学を考えている人はよく聞いておいて下さい。現在、大学などで奨学金を借りている人は、だいたい半分います。そして卒業後、約17万人の返済が滞っています。それどころか奨学金を返済できないで自己破産する人が約1万人もいるんです。「奨学金」といっても、日本の奨学金

選挙に行かないと損をする？　1票のお値段—45

は「借金」ですから、借りるのには相当勇気が必要です。

(生徒4) え？ 勇気がいるってどういうことですか？

先生： さて、奨学金を借りる時、心配することは何でしょうか？ ワークシート の 作業5 に記入して下さい ▶PP10。

> 作業5
> 「奨学金」を借りる時、心配になることをあげてみよう！

PP10

作業5 「奨学金」を借りる時、心配になることをあげてみよう！

→「卒業後、ちゃんと就職できるか」
「就職して、返済できるだけの給料はもらえるか」
「就職した会社はつぶれないか」
「女性だと、結婚して子どもが生まれて、会社を辞めることになったら返済は続けられるのか」

などがあげられる。

先生： （時間をとる）
またとなりの人と答えを見せ合ってみて下さい。
（時間をとる）
では、答えてもらいましょう。

(生徒4)「卒業後、ちゃんと就職できるか」「就職した会社はつぶれないか」とか、ちゃんと返済できるかが不安になります。

(生徒3) 女性だと、「結婚して子どもが生まれて、会社を辞めることになったら返済は続けられるのか」は深刻な問題よ。

先生： そうですね。さて根本的な問題ですが、なぜ奨学金を借りるのですか？

(生徒)「保護者の収入では学費が出せない」とか、「親にこれ以上迷惑をかけられない」などが理由ではないですか？

(生徒)「自分のことなので、費用は自分で出したいから」という気持ちもあると思います。

先生： いろいろな答えがありますが、根本的には「お金が足りない」ことが一番大きな理由でしょうね。では、なぜお金が足りないのですか？

生徒1 保護者の収入が低いからではないですか？

生徒3 学費が高いというのもあると思います。

う〜ん

先生：「保護者の収入」は、ちょっと個人的な問題なのでいまは議論しません。ここでは、「日本の大学の学費が高い」ことを考えてみましょう。

生徒2 私立大学は高いけれど、それに比べて国立大学は安いのではありませんか？

先生：いや、結構かかりますよ。1年目は入学金が約28万円、授業料が約54万円。総額82〜83万円かかります。それに比べて外国の大学というと、例えばドイツやフランスの大学は無料です。

生徒3 えー、本当ですか？

先生：北欧も含めてヨーロッパの大学は学費がかからないところがほとんどです。いずれにせよ、日本の大学の授業料はとても高いのです。だから奨学金を借りることになるんです。
ここで考えて欲しいことが2つあります。なぜ授業料が高いのかということと、なぜ奨学金を返さなくてはならないのかということです。

生徒 授業料が高い日本の大学は設備がよいのですか？

先生：一般的にいって、外国の大学の方が研究環境はよいと言われています。
さてひとつの解答ですが、どこの国の大学も、国からの補助金などが大学運営の大部分を占めています。しかし日本は財政難を理由に大学への補助金が年々減っていて、そのため授業料などが値上がりし続けているんです。ビックリすると思いますが、35年ほど前は、国立大学の授業料は年間1万2千円でした。

生徒 本当ですか？ 月1000円ですよ？

先生：物価の問題もありますが本当です。今後予算が減らされ続けると、国立大学の授業料はさらに値上がりして、20年後には年間90万円になるという統計もあります。

生徒 授業料が高い理由は分かりました。先ほど言っていた奨学金ですが、返すのが普通なのではないんですか？

選挙に行かないと損をする？ 1票のお値段 ― 47

先生： いえいえ、特に欧米では、「奨学金」というと「給付型奨学金」＝「返さなくてよい奨学金」がほとんどなんです。それに対して日本では、財政難を理由として、国レベルの公的な「給付型奨学金（＝返済しないでよい奨学金）」はありません。

（絵梨） どうしてですか？

先生： 議員達が「若者向けの政策」を打ち出さないからです。そしてその原因は、先ほどから話しているように、若者が選挙に行かないからなんです。
具体的に考えていきましょう。2014年の衆議院議員選挙では、20歳代が約389万票、60歳代が約1254万票投票しました。あなたが立候補者ならば、どちらの世代に有利な政策を提案しますか？ ▶PP11
ワークシートの6に○をつけて下さい。

> 6．2014年の衆議院議員選挙では20歳代が約389万票、60歳代が約1254万票投票しました。
> ☆あなたが立候補者ならば、どちらの世代に有利な政策を提案しますか？
>
> PP11

（生徒） それは当選したいから、お年より向けの政策でしょうね。

先生： どんな政策を提案しますか？

（生徒） そうですねえ、「借金してでも年金は減らしません」とか、「老人ホームを建設します」とか、「収入の少ないお年寄りに10万円の商品券をプレゼント」などを訴えます。

先生： そうでしょうね。間違っても「年金を減らして、大学の授業料を無料にします」とか、「老人ホームの建設を取りやめて、保育所の建設を行います」などと言わないですよね。

（生徒） なるほど。でも授業で習いましたが、少子高齢化で、そもそも20歳代の人数が少ないのではないですか？

先生： たしかに、少子高齢化で若者の数は減っています。現在、20歳代が「1268万人」なのに対し、60歳代は「1836万人」です。実に「1.45倍」です！ これでは最初から勝負になりません。

（武史） そんなに差があったんですか……。

先生： ですから今回の選挙権年齢引き下げで、20歳代に18歳、19歳に応援に入ってもらったんです。そして、60歳代と同じ「68％台の投票率」にすると、なんと約

1030万票になります。これだと、立候補者や議員たちは若者の声を無視できなくなるはずです ▶PP12 。

ワークシート の 7 に数字を入れて下さい。

（絵梨） なるほど、これだけ投票すれば無視できませんね。

> 7．20歳代と60歳代の人口比は、
> 　　1：1.45
> →これでは最初から勝負にならない‼
> 　そこで、20歳代に18歳、19歳に応援に入ってもらい60歳代と同じ「68％の投票率」にすると約1030万票になる！
> →これだと、若者の声を無視できなくなる‼

PP12

まとめ3分 ●●●

先生： 結論です。あなたの一票の影響力は小さいかもしれませんが、高校生も含めた若者が投票に行き、「数の論理」が働くと大きな発言力となるのです。ですから、「投票したい候補者や政党がないから」といって棄権するのではなく、少なくとも「白票」を入れに投票所に足を運ぶべきだと思いますし、選挙に行くときは友達を連れていって下さい ▶PP13 。

ワークシート の最後の 8 に言葉を入れて下さい。

さて、ここまでが「投票に行かないといけないの？」との問いに対する答えです。どうですか？　選挙に行かないと「損をする」ことは理解出来たででしょうか？

> 8．結論！
> →あなたの一票の影響力は小さいかもしれませんが、高校生も含めた若者が投票に行き、「数の論理」が働くと、大きな発言力となっていくのです。
> ☆投票には友達と行こう‼

PP13

主権者教育ワークシート

⑥ 2014年の衆議院議員選挙では、20歳代が約389万票、60歳代が約1254万票投票しました。

あなたが立候補者の時、どちらの世代に有利な政策を提案しますか？

・20歳代に有利な提案をする。　　　・60歳代に有利な提案をする。

⑦ 20歳代と60歳代の人口比は、「1：（　　　　　　　）」です。

→そこで、20歳代に18歳、19歳に応援に入ってもらい60歳代と同じ「68％の投票率」にすると約（　　　　　　　）万票になる！

→これだと、若者の声を無視できなくなる‼

（藤井　剛）

選挙に行かないと損をする？　1票のお値段─49

3 投票行動 広義

授業難度：基礎
授業科目：現代社会
時間数：1〜2時間

多数決を疑おう！
選挙シミュレーション

授業のコンセプト ─────────────────

1. 授業のねらい

①様々な多数決の方法を比較・検討することで、民主政治における多数決の課題について気づかせる。

②選挙の立候補者として世論を考慮しながら政策を提案するという体験をさせる。そのなかで、選挙を通して、国民の意思が政策決定過程にどのように影響を及ぼしているのかを気づかせる。

③話合いを通して、民主政治における多数決の課題という問題を多面的・多角的に考えさせ、自分なりの考えを作らせていく。その意味で「広義」の主権者教育教材である。

2. 教材について

①ほとんどの高校で実践できる内容です。

②公民科の授業で2時間続けての実践を想定していますが、1時間で完結させることも可能だと思います。

③選挙制度や世論形成などを学ぶ単元の最初または最後の授業としての実践を想定しています。

④ワークシートにもとづいて問題を考えさせ、そのなかでの気づきをもとに議論をさせながら授業を進めるものです。

⑤シミュレーションとして選挙を単純化・構造化しているため、投票数のみが政策を左右するような印象を生徒に与えてしまうかもしれません。この点については、国内外の多様な要因が絡みあって政策が形成されていくという視点を、この授業だけでなく、他の授業でも、現代社会を考察する視点としてもたせていくことが必要です（最後に発展的事例を示しました→ p.60）。

50

授業 LIVE

〈 第1時 〉

導入5分

先生： 選挙において、多数の票を獲得して当選した候補者は「みんなの代表者」でしょうか？

生徒1 多数の票を獲得したということは、多数の有権者に支持をされているということですから「みんなの代表者」だと思います。

生徒2 私もそう思います。幅広い層の有権者に支持されているのだから、「みんなの代表者」と言えると思います。

生徒3 ちょっと待ってください。生徒2が「幅広い層の有権者に支持されている」と言いましたが、多数の票を獲得したということだけで「幅広い層の有権者に支持されている」と言い切ってよいのでしょうか？

先生： よいところに気づきましたね。今日は、選挙に注目して、民主政治における多数決の課題について考えてみたいと思います。

展開①30分

先生： ワークシート「多数決で決めてみよう」をみてください。本校の生徒会長選挙でA〜Dの4名の立候補者がいるとします。4名の立候補者は、部活動の予算について、それぞれ異なる提案をしています。

多数決を疑おう！ 選挙シミュレーション—51

ワークシート［多数決で決めてみよう］

　本校の生徒会長選挙で4名の立候補者A～Dがいるとします。4名の立候補者は、部活動の予算について、それぞれ次のような提案をしています。4名の立候補者のうち、あなたがその提案を支持する順に「1（最も支持する）」～「4（最も支持しない）」を記入してください。

〈生徒会長選挙の立候補者一覧〉

立候補者名	提　　　　　案	支持する順番
A	屋外で活動する運動部のためにグラウンドを拡張します。そのための費用は、屋内で活動する運動部と文化部の活動予算を今年度よりも70％削減し、部活動に入っていない生徒から10,000円ずつ寄付をしてもらうことで補いたいと思います。	
B	屋内で活動する運動部のために体育館に冷暖房を完備します。そのための費用は、屋外で活動する運動と文化部の活動予算を今年度よりも50％削減し、部活動に入っていない生徒から5,000円ずつ寄付をしてもらうことで補いたいと思います。	
C	文化部のために部室を整備します。そのための費用は、すべての運動部の活動予算を今年度よりも50％削減し、部活動に入っていない生徒から2,000円ずつ寄付をしてもらうことで補いたいと思います。	
D	部活動に入っていない生徒のために自習室を整備します。そのための費用は、すべての部活動の活動予算を今年度よりも30％削減することで補いたいと思います。	

＊各部の利益を最優先で投票する前提とする

先生：　4名の立候補者のうち、あなたがその提案を支持する順に「1（最も支持する）」～「4（最も支持しない）」を記入してください。
　　　　（5分程度時間をとる）
　　　　それでは、多数決による選挙で当選者を決めていきましょう。みなさんが書いた各立候補者を支持する順にもとづいて、次の問いに答えてください。

> 問1　【投票方法1】4名の立候補者のうち、あなたがその提案について「1（最も支持する）」と記入した人1名のみに投票してください。
> 最も多く票を獲得した立候補者1名を当選とします。

生徒1　私は野球部なので、Aの提案を支持したいと思います。

生徒2　私は部活動に入っていないのでDかなあ。

先生：　（A～Dについて挙手で投票させた後）野球部やサッカー部に所属している生徒の数がやや多いこのクラスでは、Aが最も多くの支持を得ることになりました。それでは、この結果をワークシートに記入しておいてください。
　　　　続いて、別の多数決の方法で選挙を行ってみましょう。次の問いに答えてください。

問2 【投票方法2】次の手順に従って投票をしてください。

＊このシミュレーションでは各部の利益を最優先で投票することを前提とします。

［1］ 4名の立候補者のうち、あなたがその提案について「4（最も支持しない）」
と記入した人1名のみに投票してください。
最も多く票を獲得した立候補者一名を落選者として除外します。
［2］ 残った3名の立候補者のうち、あなたがその提案について最も支持しないと
記入している人1名のみに投票してください。
最も多く票を獲得した立候補者1名を落選者として除外します。
［3］ 残った2名の立候補者のうち、あなたがその提案について最も支持しないと
記入している人1名のみに投票してください。
獲得した票が少なかった立候補者を当選とします。

生徒3 吹奏楽部の私は、Aだけは支持できないかな。

生徒1 野球部の予算が減らされたらイヤなので、B、C、Dの順で支持できません。

先生： （問2の手順に従って挙手で投票させた後）屋外の運動部の人がBまたはCに
投票して票が割れた一方で、それ以外の人がほぼ全員Aに投票した結果、まず
Aが落選しました。その後、運動部や文化部の人の投票がBまたはCに集中した
結果、Bが、そして続いてCが落選し、最終的にDが当選することになりました。

生徒2 あれ？ 私たちがA～Dを支持する順番は変えていないのに、先ほどとは違う
結果になってしまいました。

先生： そうですね。それでは、この結果もワークシートに記入しておいてください。
さらに別の多数決の方法で選挙をおこなってみましょう。次の問いに答えてく
ださい。

問3 【投票方法3】次の手順に従って投票をしてください。

［1］ 5名～8名のグループに分かれてください。
［2］ 各グループにおいて、4名の立候補者のうち、あなたがその提案について
「1（最も支持する）」と記入した人1名のみに投票してください。
［3］ 続いて全体での投票をおこないますが、各グループでの投票で最も多く票を
獲得した立候補者に投票してください。
最も多く票を獲得した立候補者を当選者とします。

多数決を疑おう！ 選挙シミュレーション―53

(生徒3) 私たちのグループは7名のうち4名が書道部だったので、Cが最も票を多く集めることになりました。

(生徒1) 私はバレー部なので屋内の運動部の予算が大きく減るAやCに投票したくなかったのですが、グループでの投票の結果、Cに投票することになってしまいました。

先生： （問3の手順に従って挙手で投票させた後）偶然にも7名または8名のグループで文化部の人が占める割合が多かったことで、Cが最も多く票を獲得したグループが多数出てきました。その結果、全体での投票でCが最も多くの票を獲得することになりました。この結果もワークシートに記入しておいてください。

(生徒2) また違う結果になってしまいましたね。私たちがA〜Dを支持する順番は変わっていないのに、多数決の方法を変えただけでこんなにも結果が変わってしまうのですね。

先生： どうやら、そのようですね。

まとめ15分

先生： それでは、ここまでの活動をふまえて、最初の問いをもう一度考えてください。

> **問4** 選挙において、多数の票を獲得して当選した候補者は「みんなの代表者」でしょうか？ 「みんなの代表者といえる」あるいは「みんなの代表者とはいえない」という立場を示したうえで、そのように考えた理由も示しなさい。

先生： （5分程度時間をとってから）それでは、書いたことにもとづいて隣の席の人と意見交換をしてください。

(生徒2) 私は「みんなの代表とはいえない」と思います。なぜなら、多数決の方法が少し変わるだけで結果が違ったことを考えると、みんなの意思が正確に反映された結果とは言い難いと思うからです。

(生徒1) 確かに多数決というのは不安定な方法のような気はします。それでも、多数決の結果に反映されているのは、多数派の意見であれ、それ以外の意見であれ、みんなが示した意思の一部と思います。だから、私は「みんなの代表といえる」と思います。

先生： （5分程度時間をとってから）はい、話合いはそこまでにしてください。次の内容に進みます。

（2時間続けての授業が難しい場合、ここまでが1時間目、これ以降が2時間目となります。）

〈 第2時 〉

導入5分

先生： みんなの中で生徒会選挙に立候補した経験のある人はどれくらいいるかな？

生徒1： 応援演説ならしたことあるけど、立候補した経験はないなあ。

生徒2： 小学校のとき、先生に勧められて児童会選挙に立候補したよ。

生徒2： 応援演説も立候補もどちらの経験もないなあ。

先生： 立候補者という立場を経験したことがある人は少ないんですね。
では、選挙の立候補者という立場を経験してみませんか？
物事というのは、立場によって捉え方が違うものです。これまで「選挙」というと、投票者の立場から考えることが多かったのではないかと思います。立候補者という立場から考えてみると、新たな気づきがあるかもしれませんよ。

生徒1： なるほど、おもしろそうですね。

展開40分

先生： ここからは「シミュレーションゲーム『選挙ゲーム』のワークシート」を使って進めていきます。
あなたは、ある国の大統領候補者の一人です。この国には、以下の〈国民の声〉にあるような年齢層の人々が住んでいて、それぞれの年齢層ごとに実現してほしい政策を要望としてもっている、とします。このことをふまえて、次の問いについて、まずは各自で考えてみましょう。

シミュレーションゲーム『選挙ゲーム』のワークシート

　あなたは、ある国の大統領候補者の一人です。次の〈国民の声〉を参考にして、提案する政策を一つだけ選び、〈あなたのマニフェスト〉をつくってください。

〈国民の声〉

年齢層	人数	投票率	要望（要望の実現のために必要な資金）
10歳以上20歳未満	200万人	権利なし	①15歳以上の男女に選挙権を認めて（0円） ②新しい学校を建てて（8000万円）
20歳以上30歳未満	200万人	20%	①工場を建てて、たくさんの人を雇って（8000万円） ②国際空港を建設して（2億円）
30歳以上40歳未満	300万人	40%	①各家族に自動車1台をプレゼントして（2億円） ②子ども一人に1万円ずつプレゼントして（1億円）
40歳以上50歳未満	350万人	50%	①環境にやさしい商品の開発研究をして（4000万円） ②高速道路と国際空港を建設しないで（0円）
50歳以上60歳未満	400万人	70%	①新しい病院を建てて（8000万円） ②50歳から毎月20万円もらえるようにして（2億円）
60歳以上	400万人	90%	①60歳以上の医療費を無料にして（2億円） ②60歳以上のバス運賃を無料にして（1億円）

問5　〈国民の声〉を参考にして、あなたがマニフェストとして提案する政策を一つだけ決めてください。

問6　あなたが問5の政策を選んだのはなぜですか？

先生：　続けて、次の問いについても考えてみてください。

問7　この国には、次の2種類の税金があります。あなたが選んだ問1の政策を実現するためには、どちらかの税金を増税して必要な資金を調達しなければいけません。増税しようと思う税金の種類と増税率を決めてください。

「平等税」…すべての年齢層に平等に負担させる税金で、
　　　　　1％増税すれば、財源が2,000万円増える。
「特定税」…特定の年齢層のみ（20歳未満は対象外）に負担させる税金で、
　　　　　1％増税すれば、財源が1,000万円増える。

問8　あなたが財源として問7の税金を選んだのはなぜですか？

先生：　（5分程度時間をとってから）それでは、どんなことを書いたか教えてください。

生徒1　政策として「環境にやさしい商品の開発研究」を提案します。なぜなら、そのような商品の開発は、この国だけでなく地球全体の利益につながるからです。こ

の政策の財源は、みんなの利益になることなので「平等税」を2％増税することで集めたいと思います。

(生徒2) 選挙に勝つためには、最も票数を期待できる年齢層にアピールすることが必要だと思うので、政策として「60歳以上のバス運賃の無料化」を提案します。そして、60歳以上になれば、みんながこの政策の恩恵を受けることができるようになるのだから、「平等税」を5％増税することで財源を確保したいと思います。

(生徒3) 国民は増税という負担を負わされることは嫌がるのではないかと思うので、資金がかからない「15歳以上の男女に選挙権を認める」を政策として提案しようと思います。

先生： いろいろなマニフェストが出ましたね。それぞれ、どういうことをアピールして票を獲得しようとしているのかが違っていておもしろいですね。
みなさんが出してくれた意見と次の2つのことをふまえながら、もう一度、今度は5人ずつのグループで、先ほどの問いを考えてみてください。グループでの意見はワークシートに赤色で記入しておいてください。

問9 次の2つのことをふまえながら、問1〜問4について、5人ずつのグループでもう一度考えてみよう。

［1］選挙において当選することを最優先する場合、どういった政策を提案するべきだろうか？
［2］増税という負担は有権者の支持を失う危険性があり、「平等税」を増税した場合、すべての年齢層の支持を失う危険もあるのでは？

先生： （10分程度時間をとってから）それでは、グループとして提案するマニフェストを教えてください。

(生徒1) 人数が多く、投票率も高い60歳以上の支持を得るため、政策として「60歳以上のバス運賃の無料化」を提案します。この政策の財源なのですが、働き盛りでお金もある30歳以上40歳未満と40歳以上50歳未満に対する「特定税」を5％ずつ増税することで補おうと思います。これならば、50歳以上の支持を失う心配はないですし、収入がそれほど多くない20歳以上30歳未満にも負担をかけずにすみます。

(生徒2) 私たちのグループは、「60歳以上の医療費の無料化」を政策として提案します。

多数決を疑おう！ 選挙シミュレーション―57

理由は、人数が最も多く、投票率も最も高い60歳以上の支持を得ることができる
だけでなく、もうすぐ60歳になる50歳以上60歳未満の支持も期待できるからです。
この2つの年齢層の支持を確保できれば、当選はかなり確実になると思います。
そして、財源については「平等税」にするか「特定税」にするかでだいぶん議論
になりましたが、人数も投票率も最も低い20歳以上30歳未満の支持ならば失って
も大丈夫だろうということで、20歳以上30歳未満に対する「特定税」を20%増税
することにしました。

生徒3 私たちのグループも生徒2のグループと同じ理由で、
「60歳以上の医療費の無料化」を政策として提案します。
しかし、財源については、やはり特定の年齢層にだけ負
担を強いるのには抵抗があり、議論の結果、「平等税」を10%増税することにし
ました。負担の平等を訴えることで国民の理解を得て、何とか支持を確保したい
と思います。

先生： 当選することを最優先してみると、先ほどとは違った意見が出てきましたね。
政策については、多数の票を獲得するため、人数も投票率も高い60歳以上や50
歳以上60歳未満にアピールしようとしているのがよくわかりました。その一方
で、財源については、葛藤がうかがえますね。増税という負担を強いて票を失
うならば、人数も投票率も最も低い20歳以上30歳未満を対象に増税するのがよ
いのではないかと思いながらも、平等や公正といった民主政治の価値観をふま
えると一部の年齢層に多大な負担を強いることには抵抗があるようですね。
それでは、各グループから示されたマニフェストのうち最も票を獲得できそう
なものはどれでしょうか？

生徒1 生徒2のグループのものだと思います。当選することを最優先するならば、投
票率や総投票数が最も高い層の要望に応える形で政策を提案し、投票率や総投票
数が最も低い層に財源確保のための負担を負わせる必要があるからです。

生徒2 私たちのグループのものです。特定の層にだけ大きな負担を負わせることには、
みんな少なからず抵抗もありました。なぜなら、一部の人の利益だけでなく、み
んなの利益を考えるのが民主政治だと思ったからです。けれども、当選しなけれ
ば、自分が実施したい政策を実現できないので、投票率や総投票数が最も高い層
の要望に応える形で政策を提案し、投票率や総投票数が最も低い層に財源確保の
ための負担をすべて負わせることにしました。

生徒3 「みんなの代表」である政治家として、そのような行動を露骨にとるべきではないだろうとは思いますが、最も露骨にそのような行動をとった生徒2のグループのマニフェストが最も多数の票を獲得すると思います。

先生： そうですね。選挙という多数決の場では、投票率や総投票数が高い層ほど優遇する、というのが戦略的に正しいアプローチでしょう。そして、いずれかの層に負担を強いる必要があるならば、投票率や総投票数が低い層を犠牲にすることになるのでしょうね。①

立候補者という立場で選挙について考えてもらったわけですが、ここで再び質問します。選挙において、多数の票を獲得して当選した候補者は「みんなの代表者」でしょうか？

生徒1 選挙で多数の票を得て当選した人だからといって、幅広い有権者層から支持されていて、幅広い有権者層の利益を実現しようとしているわけではないのですね。各世代の投票率や総投票
数にこんなに大きな差があると、選挙の立候補者や政治家は、やはり投票率や総投票数をある程度ふまえて優先順位を考えてしまうのですね。

生徒2 すべての政策を同時に実施することができず、政策を実現するための財源にも限りがある以上、政策に優先順位をつけることは当たり前だと思っていました。しかし、投票率や総投票数がこれほど大きく影響を与えているとは思いませんでした。

先生： 「民主主義は最悪の政治形態である。ただし、これまでに試されたすべての形態を別にすれば。」というイギリスの政治家チャーチルの言葉があります。選挙がある種の多数決である以上、多数派の要望が優先されてしまうのは避けられないことかもしれません。しかし、そのことは同時に選挙で票を獲得するためには国民の声を無視できないということも意味しています。

もしも、このシミュレーションゲーム『選挙ゲーム』において、10歳以上20歳未満にも投票権が与えられ、若い世代の投票率が高齢者の投票率以上に高くなったとしたらどうでしょうか？

多数決を疑おう！ 選挙シミュレーション―59

生徒3 そうなったら、若い世代の要望を優先しようとする動きも出てくるのではない
かと思います。少なくとも、若い世代に負担を押しつけることをためらう立候補
者は増えるはずです。

生徒1 そう考えると、投票に行くことの重要性がよくわかるね。

先生： そうですね。自分たちの要望を政治に反映させる手段として選挙という仕組み
が用意されているのですから、積極的に利用してほしいですね。

まとめ5分 ●

先生： 本日の授業のまとめとして、この問いの答えを次の授業のときまでに考えてお
いてください。

> **問10** 小学校4年生の子どもから「なぜ、選挙に行くべきなの？」と質問されたら、
> あなたはどのように答えますか？ 民主政治における多数決の課題をふまえた
> うえで、小学校4年生にもわかるように簡潔に答えてください。

先生： 次の授業の最初に発表してもらいます。それでは、本日の授業を終わりま
す。②

注釈

① 総務省と文部科学省が作成した主権者教育の副教材『私たちが拓く日本の未来』の26
～27ページをみてみると、「シルバー民主主義」の観点からこのような傾向について
説明している。

② 発展的事例として、投票数のみが政策を左右するのではなく、国内外の多様な要因が
絡みあって政策が形成されていくという視点をもたせていくための授業事例を示しま
す。

　①ある問題について、国内外の複数の立場をグループとして生徒に割り当ててディ
ベートを行ったうえで、ディベート内容をふまえて政策を考えさせます。例えば、
自由貿易協定について、日本の中小企業・農家・消費者、国外にも拠点をおく日本
企業、国外の企業・農家・消費者、自由貿易に関する国際機構（WTOなど）とい
う8つのグループに分けて、それぞれの立場から自由貿易協定の賛否についてディ
ベート形式で主張させます。ディベートが終わった後、それぞれの主張をふまえて、

日本の政治家として政策を提案させます。このような授業を行うことで、政策を決定するためには、国内世論だけでなく、国際関係や既存の国際協定などにも留意しなければならないことに気づかせることができます。

2 ある政策に関する複数の新聞記事を提示し、「どのような問題を解決するためにこの政策が提案されたか？」「どのような立場の人々がその問題に関わっていて、この政策によりどのような影響を受けたか？」を読み取らせる。「どのような立場があるか？」については、新聞記事に明示されている立場もあれば、明示されていない立場もありますが、まずは生徒にしっかりと読み取りをさせて、政策を取り巻く多様な立場の存在に気づかせたい（場合によっては、教員が助言を与えます）。このような授業を行うことで、政策には多様な立場の人々（中には国外の立場も）が関わっており、それらの立場の人々の利益が単に投票数が多い順に実現されているわけでないことに気づかせることができます。

（黒田和義）

主権者教育における概念の批判的検討

　主権者教育は「問題を捉え、分析し、行動する市民」の育成が目指されている。そのため模擬選挙や模擬投票といった「活動主義的な」学習が注目されやすい。これらの授業は、主権者教育の中心ではあるが、一方で、主権者として知っておくべき概念や理論の学習をなおざりにしてはならない。主権者教育で重視される概念や理論は、「民主主義」や「立憲主義」、の他、「個人の尊重」「法の支配」「多数決の原理」「少数者の尊重」「権力分立」等があるだろう。特に「多数決の原理」については、小学校段階の特別活動等で学んでおり、生徒にとっては「自明の理」となっている概念である。本事例は、高等学校の事例であり、生徒にとって当たり前である「多数決の原理を疑う」ことで、「多数決の原理の限界」を学ぶことを意図している（授業の前半）。「民主的な手続き」については、その方法も多様であり、一つに定めるべきではなく、その決定の在り方を多様な状況を踏まえ、検討できるような授業も構想したい、そうすることが、高等学校の発達段階を踏まえた「民主主義」教育になるからである。
（橋本康弘）

4

政治分野 広義

授業難度：基礎
授業科目：現代社会
時 間 数： 2 時間

グラウンド争奪戦
ルール作りと立憲主義

授業のコンセプト ──────────

1. 授業のねらい

①生徒に身近な「グラウンドの使用の調整」をテーマに、話し合いによるルールづくりを経験する。

②ルールが正しい手続きに基づいておこなわれること、またルールを変更する場合の手続きについて考え、変えられるルールと簡単に変えてはいけないルールの2つがあることに気付かせる。

2. 教材について

①ロールプレイ（役割演技）の手法で、班活動と全体討議の二重討議をおこないます。名称は、クラブ会議、クラブ代表者会議、生徒議会など、各学校の組織に合わせて変更してください。

ロールプレイの手法は、ある課題に対して、さまざまな集団が多様な立場から関わりを持っていること、集団どうしの関係やそれぞれの立場の違いについて、理解を深めることができます。

また二重討議の方法は、違った考えを持っている各人が、小集団での討論や全体討論で考えを出し合うことでよりよい答えを作ってゆくという点では、「知的構成型ジグソー法」の手法にも近いかもしれません。

②2時間構成です。第1時は、クラブ会議、クラブ代表者会議（と生徒議会）の2～3回の討議で、グラウンド使用を調整するワークショップです。第2時は、今回の決定を変更する場合のルール（手続き）について考えます。第1時はロールプレイでルール作りの体験を行います。第2時が「1度決めたルールは変えられるか？」を考察することを目標としており、この実践の中心部分となっています。

③特に第2時は、授業の目標として、生徒の日常的な活動を材料に「ルールのルール」や「根本のルール」に気付くという授業です。ここから、立憲主義といういわば抽象的な非日常の問題に展開するにはもう一つ材料や切り口が必要でしょう。

62

④この授業そのものは、立憲主義を扱ったものではありませんが、ルールに変えられるものと簡単に変えられないものの2つあることに気付くことで、立憲主義の授業に発展させてゆくことができます。

⑤この授業案は、法むるーむネット[1]『法むるーむ 高校生からの法律相談』(清水書院2016.3刊)の事例10「運動場を仲良く使うためのルール作り」をもとに作成したものです。

留意事項
①ロールプレイの場合(クラブ代表者会議や生徒議会)のねらいは議論をさせることです。
②生徒会からの意見や質問が出ないときは、教員がコメントをしたい。
　例:決定の基準をどう作ったか。強いクラブ優先か弱小クラブの保護か。
③将来の生徒や生徒会をしばるようなルールがあることに気づかせたい。
④先生や生徒会に「いい方法」を考えてもらうということは、「自分たちのことは自分たちで決める」という民主主義を放棄することにつながるかもしれないということについても考えさせたい。

　なお、知的構成型ジグソー法については、東京大学「大学発教育支援コンソーシアム推進機構(CoREF)」を参考にして下さい。
http://coref.u-tokyo.ac.jp/archives/5515　(2017.5.7取得)

授業 LIVE

〈 第1時 〉ルールをつくる

導入5分

先生： 今日は高校の部活動のグラウンド使用の調整を経験してもらいます。グラウンドの調整方法については学校ごとに違うでしょうが、今回は、クラブ代表者会議を経て、生徒議会で決定するという方法を前提とします。

１．ロールプレイの準備

＊クラス40人を、抽選で、各8人のクラブ班にわける。

先生： まず、皆さんの所属クラブなどをくじ引きで決めてゆきます。

(生徒の活動) 各自、カードを引く。

展開40分

２．クラブ・生徒会班でクラブの要求などを作成　10分

先生： 今引いたカードがこの時間の皆さんの役割です。
クラブごとに班になって下さい。

先生： では、今から話し合うことを確認します。状況カードを配付します。

状況カード

　A高校では放課後（3時半から6時半まで）のクラブ活動が盛んだ。野球部・サッカー部・陸上部・ソフトボール部は毎日のように運動場で練習しようと考えている。しかし、問題が一つある。運動場がとても狭く、同時に複数のクラブが練習するのが難しいことだ。

　そこで、各クラブの運動場の使用について、生徒会でルールを作ることになった。

　ただし今回は、平日のみの割り当てを考えることにする（特別な条件が必要な際は、土日も考えてよいが、各部土日のどちらかは休みとしなければならない）。

グラウンドのようす

・サッカーコートが1面しかとれない。
・グラウンドの中には陸上の200mのコースが書かれている。
・半面を使用するときは、ネットで区切る。

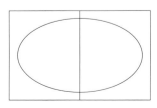

・グラウンドの使用は、「全面」「半面」使用の2種類。

クラブのようす

野球部	部員20人、県大会では毎年ベスト8に入るが、去年は準優勝し大活躍した。
サッカー部	部員60人、毎年県大会には出場するが、1回戦で敗退することが多い。
陸上部	部員15人、短距離・長距離・駅伝出場をめざしている。県大会での上位入賞経験はない。 短距離は直線を走るので、他の部活動と一緒の練習は困る。また、200mのコースを使ってリレーの練習もしたい。
ソフトボール部	部員10人、人数が少ないので部員が足らずに試合では他部からの応援を得ることもある。県大会には出ることはほとんどないが、部員の練習への意欲は高い。
生徒会	執行部8人。

先生: まず、各クラブの部長を選んでください。次に、クラブ会議で、グラウンド使用の要求書（「週何回、グラウンドこのくらい（全面・半面）使いたい」）を作成してください。各部の利益を最大限にした要求でOKです。まとまった要求書は、各自メモをしておいてください。
生徒会チームは、グラウンド使用を決めるための方法を考えて下さい。また、会長と副会長も決めておいて下さい。

（各クラブの要求を作成し、生徒会は決定方法を確認する）

（サッカー部班での話し合い）

生徒 サ1 俺らの部はあまり強くないけど、人数がとても多いことを強調しよう。

生徒 サ2 賛成。人数が多いからもっと練習すれば強くなる可能性がある。

生徒 サ3 サッカーはセットプレイが大事なので、グラウンドを全面使った試合形式の練習が不可欠だよね。

生徒 サ4 でも、毎日、全面の使用を要求するのは、無理があると思うよ。

生徒 サ5 では、週の半分が現在の半面使用で、残りの半分が全面使用を要求してみようか。

生徒 サ6 弱気はダメだよ。もっと全面使用できる日を多く要求して、強気でいこうよ。
それに最後の手段だけれど、決めるときに各クラブ一票をやめて、全員で投票する

グラウンド争奪戦―65

という提案もできるよ。授業で一票の価値は平等って習ったから、部員数の多い
サッカー部は有利だよ。いい作戦だろ。

（陸上部班での話し合い）

生徒 陸1 陸上部は、個人種目の性格もあるから要求の方法が難しいね。

生徒 陸2 長距離の練習は校外でも走れるからね。短距離はどうなんだろう。

生徒 陸3 短距離は、スタート練習はグラウンドのコースがいるよね。スタートブロック
も使いたいし。リレーはコースでバトン練習がしたいよね。

生徒 陸4 サッカーや野球が練習している隅で一緒に練習するのは怖いよね。いつボール
が飛んでくるか分からないから危険だよ。

生徒 陸5 じゃあ、どのクラブも練習していない朝にグラウンド練習をさせて欲しいとい
う変化球を要求しましょうか。

生徒 陸6 それは最後だよ。そもそも今は試合前だけの例外扱いの朝練を生徒会が認める
とは思えないな。やはり、週二回ぐらいは全面利用を要求しないか。

（野球部班とソフトボール部班の話し合いは省略）

（生徒会班の話し合い）

生徒 会1 各クラブから要求が出てこないと分からないよね。先生は決定するための
ルールを決めろと言ってたよ。

生徒 会2 決めるのは、やっぱり多数決でしょ。

生徒 会3 何でも多数決って言うけど、話し合いが大事だと思うよ。多数決はその後だ
よ。そもそも、各班で案ができないと困るよね。そのあと私たちが、案を考える
ための話し合いをリードしないといけないね。話し合い重視の熟議民主主義が大
事だって聞いたことがあるよ。

生徒 会4 でも、各クラブが話し合いで折れるかな。クラブ代表で要求が出てきたら、
なかなか妥協できないよね。

生徒 会2 具体的な案を考えてゆくのがいいかな。

生徒 会6 例えば人数の多いクラブを優先しろとか、強いクラブを優先しろとか、言わ
れたらどうしようか。

生徒 会3 どのクラブも平等だよ。大きなクラブも、弱小クラブも区別はないよ。国連
でも、大国も小国も平等に扱われているよ。主権平等の原則と習ったよ。

生徒 会6 でもそれで納得できるかな。私は、少しは強いクラブや人数の多いクラブを
優先してもいいような気がするけれど。

> 生徒会4: 今回は採決せずに、何が問題になったかをはっきりさせて、各クラブにもって帰ってもう一度考えてもらう、というのはどうかな。
>
> 生徒会1: 先生の要求とは違うけどね、いいね。「熟議を重ねよう」という形で、まとめるのもひとつの方法だね。

各部の要求のまとめ

1. 野球部：毎日全面を使用したい。人数も多く実績もあげているので。硬球は危険な部分もあるから。
2. サッカー部：毎日全面を使用したい。部員が多く十分な練習ができないと困る。
3. 陸上部：週2回、全面を使用したい。多様な種目があるから。
4. ソフトボール部：毎日半面を使用し、試合前は全面使用の優先権がほしい。練習は狭くてもできるので。各部でシェアできる使い方を工夫してほしい。

3．クラブ代表者会議で各クラブの要求を検討する　10分

先生: 各部の要求が出そろったようなので、クラブ代表者会議で、各クラブの要求を話し合って、グラウンド使用の調整案をつくってください。司会は生徒会係の生徒にお願いします。各クラブの「代表」という意識を強く持って交渉に臨んでください（自分の部の利益を最優先してかまいません）。結果は、配布した用紙に書いてください。

☆クラブ代表者会議：各クラブ1名＋生徒会1名で構成する。

先生: 各自、席を移動しましたか。この会議はクラブ代表者会議です。皆さんひとり一人が各クラブや生徒会の代表です。先ほどの話し合いをもとに各クラブの要求を話し合って、グラウンド使用の調整案をつくってもらいます。司会は生徒会係の生徒にお願いします。

生徒の活動 ①各クラブから1名づつの代表、司会は生徒会班の生徒の計5人で話し合う。
②各クラブで作った要求を出して話し合い、調整案を考える。

4．クラブ代表者会議の結果を発表する。 10分

＊各班２分程度、３で模造紙に書かせておくとよい。

先生： 生徒会の人に、クラブ代表者会議の結果を発表してもらいます。

その際、調整案は出来たか、出来なかったか、また、決定の経緯も報告して下さい。質問がある人は、各班の報告のあとで受け付けます。

[1班] １班で話し合った調整案を報告します。野球部は、グラウンドを使う部活動の中では一番強い部です。その実績を考えて、週１日全面使用、週２日半面使用を認めたいと思います。次にサッカー部ですが、部活動の中では最大の部員数となっていることを考慮して、週１日全面使用、週１日半面使用を認めたいと思います。陸上部は、長距離の選手は校舎の外を走って練習することが出来、グラウンドを使用するのは主に短距離の選手だけです。その点を考えると、週２日半面使用としたいと思います。最後にソフトボール部ですが、部員数が少なく、またソフトボールという競技の特徴上、練習場所はあまり広くなくてもできると考え、週１日半面を使用し、試合前は半面使用の優先権を与えたいと思います。

（討論に慣れていない学校では、ここまでで１時間になると思います。発表に時間をかけて、「ワーク５・生徒議会で決定」からを次の時間にするとよいでしょう。）

[2班] では、２班の調整案です。

（以下各班の調整案の発表が続く。）

5．生徒議会で決定する（クラブ代表者会議の席のままで） 15分

先生： では、１班から８班のどの案がいいか、生徒議会で決定します。

この会議では、皆さんは生徒議会のクラス議員の立場で判断して下さい。また、クラブの立場も持っていて下さい。生徒会係の会長・副会長さんは司会をお願いします。

[生徒(会長)] 先ほど各班から発表してもらいましたが各班の案に対して、質問はありませんか。意見はあとで伺います。

[生徒] １班の調整案に質問ですが、部活動の強さと部員数を同じ基準として考えたようですが、戦績と人数を同じ基準を考える根拠を示して下さい。また、陸上部は短距離班だけがグラウンドを使うという前提でしたが、長距離の部員はグラウン

[1班] いまの質問に答えます。正直に言って、部活動の強さや部員数をどのような基準で評価するかは意見も分かれ悩みました。そのため、「同等の評価にしよう」と考えたのが私たちの提案です。ですから、他の考え方があるならばかえって示してもらえると嬉しいです。次に、陸上部の長距離選手の件です。私たちの班で話し合っているとき、陸上部の代表者が「長距離は学校の外を走って練習が出来るので、短距離のバトンの練習が出来る場所を確保させて下さい」との要求が出ました。そのため、このような調整案になったのです。

[生徒] 2班に質問ですが……

（以下、質疑が続く。）

[生徒(会長)] 次に、各班の案に対して意見はありませんか。全体を通してでもいいです。

[生徒1] 私は部員の人数を優先して考えるべきだと思います。サッカー部のように、人数の多いクラブは練習場所や時間もたくさんないと満足な練習が出来ないと思うからです。

[生徒2] 私はいまの意見に反対です。小さなクラブでも弱いクラブでも、練習場所を同じように割り当ててこそ公平だと思います。

[生徒3] 私はクラブ員の多少より、各クラブの特徴を考慮する必要があると思っています。練習中に近寄ると危険なクラブはやっぱり単独の時間を設定しないといけません。皆さんその点はどのように考えますか。陸上部の要求にはありましたね。

[生徒4] ソフトボール部が提案した「半面を1ポイントとして全面なら2ポイントと計算し、どの部も10ポイント使えるという持ち点制」はおもしろいと思います。検討してみてはいかがでしょうか。

[生徒5] 僕は、試合前の練習場所・時間が気になります。ソフトボール部が提案したように、試合前に優先的に練習場所を割り当てるという案は現実的だと思います。

[生徒6] 時間と場所で大枠が決まっているのだから、クラブ同士の取り合いになってしまうだけですよね。枠の拡大、例えば練習時間の延長とか、朝練の公認とかを生徒会を通して学校に要求できないでしょうか。

グラウンド争奪戦―69

生徒7 「部活動は、1週間に1日は休憩する」という新しくできたルールを上手く利用して、クラブ間でグラウンド使用をずらしてゆくという工夫もできると思います。

生徒8 生徒会班ですが、このようなことを決めるときに多数決がふさわしいか、議論をしました。また多数決にしても、全クラブ平等で「クラブ一票制」が普通だと思っていたのですが、サッカー部が提起した多人数のクラブには複数票を与えるというのもありかもしれません。クラブの援助金は人数に応じて配分してますよね。決定方法については、各班では何か検討しましたか。

生徒9 私の班は最終案を決めることができませんでした。各クラブの要求がきつくて、しかもどのクラブの代表も自分だけで勝手に妥協できなかったからです。意見を調整するためには会議に出てくる人に権限というか、フリーハンドが与えられていないと上手くいかないのだけれど、今回の設定はそこが不明確でしたよね。ですから、どのクラブも他の意見をなるほどと思っても、意見を変えられなかったので最終案にいたりませんでした。

生徒9 実は生徒会班としては、「なかなか決められないだろうなあ」と予想していました。ですから、各班の話し合いの結果をもう一度クラブに持って帰って、再検討してはどうかという案を提案したいと思います。

生徒(会長) 今後の話し合いの進め方として2つのパターンが考えられます。
第1案は、この場で多数決によって決める案です。第2案は、今回は決定せずに、各クラブにもちかえって再検討してから、再度話し合うという案です。
どちらの案にするか採決します。

　挙手の数を数える。(第1案25人、第2案15人)

　この場で多数決によって決めることにします。③

生徒(会長) ではどの班の案がよいか、採決します。一番良いと思う班の案に手を挙げて下さい。
○班の案に決定しました。

先生： ご苦労様でした。今回は○○という決定をしましたが、決定の内容には納得できましたか。
また決定方法でも、例えば、全国大会に出るようなクラブがあるような学校では、この方法で多数が納得できる結果を得られるでしょうか。その場合に弱小

クラブの扱いはどうすればよいでしょうか。いろいろな場合を想定して考えを深めていって下さい。[4]

〈 第2時 〉ルールをかえる

導入5分 ・・・・・・・・・・・・・・・・・・・・・・・・・・・・・・・・・・・・・

先生: 前の時間は、「グラウンドの使用調整」について、ロールプレイ（役割演技）の方法で、クラブ会議―クラブ代表者会議―生徒議会という手続きで決定するワークをしました。また最後に、決定の内容や方法について、誰もが納得できるものになったのかにも触れました。前時の振り返りをしましょう。

> ①前時に案を決定できた場合：決定案の確認
> ②前時に案を決定できなかった場合：なぜ決定できなかったかの確認

展開40分 ・・・・・・・・・・・・・・・・・・・・・・・・・・・・・・・・・・・・・

先生: 今日は、皆さんの3年後・5年後の後輩が、部活動やグラウンド環境が変化したのでルールを変えたいという要求をした場合について考えます。
アンケートをします。あてはまるものに挙手して下さい。

①決定内容の変更はできますか？　　　　　YES ／ NO

②変更できないところはありませんか？　　YES ／ NO

③決定の方法は変更できますか。　　　　　YES ／ NO

（生徒に挙手させて人数を確認する）

先生: 現在のグラウンドの使用は生徒の合意で決めたのでしたね。「自分たちのことは自分たちで決める」というのは民主主義の原則です。3年、5年後のグラウンド使用についても、その時の生徒で決めるというのは、理屈に合っていますね。では、変更を認めることにしましょう。でも、これは変えられない内容とか、変えてはいけないルールとかはありませんか。

（生徒の意見を出させる）

生徒1 別に制限はない。その時の生徒が自由に決めてもよい。自分たちのことを自分たちで決めるのが民主主義なのだから。（民主主義を重視）

生徒2 強いクラブだけが使って、弱小クラブには使わせないと決めるのはおかしい。どこのクラブに機会を与えるというのは変えられない。（決定内容の当否を重視）

グラウンド争奪戦―71

生徒3 生徒会や顧問の先生が勝手に決めるのはおかしいので、生徒が決めるという
ルールは変えてはいけない。(決定方法の当否を重視)

先生： まず、生徒1の意見について考えてみましょう。民主主義だから何でも決められ
るという意見についてはどう考えますか。反対にルールを勝手に変えたり、
決めたりしてはいけないのはなぜですか。考えてみましょう。
では、アンケートをとります。
生徒1の意見「何でも決められる」に賛成の人は挙手して下さい。
次に、生徒2の意見「決められないこともある」に賛成の人は挙手して下さい。
(結果を板書)

先生： 次に、生徒3の意見について、生徒会の役員はみんなで選んだ役員だから、そ
の生徒会役員がルールを決めるのは民主主義ではないのでしょうか？　また顧
問の先生は、クラブやみんなのことを考えて公平に決めてくれるのではないで
しょうか？　生徒2が指摘したように、クラブのエゴで変に決まるよりいいの
ではないでしょうか。意見をお願いします。

生徒4 確かに生徒会の役員は私たちが選んだけれど、生徒会役員に期待している役割
は違うと思う。ルールを決めるのはやっぱり、生徒の議会やクラブ代表者会議だ
と思います。

生徒5 顧問の先生が決めたら、必ず「いい結果」になるとは限らない。むしろ強いク
ラブとか、権力の強い先生とかが得するかもしれないから、不公平になる可能性
もある。

生徒6 やっぱり、自分たちのことを自分たちで決められない
のはおかしい。関係のある生徒の話しあいが必要だと思
う。

先生： 今の生徒が決めたことを将来の生徒も守れということでもなく、将来の生徒も
自由に決められるけれども、いつの時代でも決めてはいけない内容や方法があ
るのかもしれないということですね。では、それが「何か」を明らかにする必
要がありますね。

先生： またルールの内容にも、決める方法にも一定の制約があるはずです。いわば
「ルールを決める際のルール」があるということなのでしょうか。

実は、国の基本的なルールである憲法にも、その時々の国民の意思で変えることができるものと、変えられないものがあると考えられています。

先生： では、日本国憲法でどのようなものが変えられないのでしょうか。教科書の資料からこれかなと思う箇所をノートに書き出して理由も書いて下さい。

先生： さて、どのような条文を選びましたか。

生徒 憲法の基本原則に関係する条文みんなあげました。

生徒 基本的人権、自由とか平等とか…です。

生徒 憲法9条の平和主義です。

生徒 地方自治も出ました。

先生： なるほど。憲法の基本原則についての指摘がありましたが、少なくとも、国民主権、平和主義、基本的人権の尊重は変えられない、とまとめることが出来そうですね。これは日本国憲法の根本的な原則ですね。ただしここでは、「基本原則は変えられない」と「憲法は改正できるが限界がある」との主張と、基本原則も含めて「憲法の改正には限界はない」との主張が対立していることは知っておいて下さい。ただし法律の専門家の大多数は、「限界がある」と考えています。さて、基本原則以外にも変えてはいけないと考えられる規定はありそうですね。どのようなものがあるでしょうか。

生徒 間接民主主義は変えられないと思います。

生徒 司法の独立も変えてはいけないでしょうね。

生徒 大臣や国会議員、裁判官などの公務員の憲法尊重擁護義務は、変えてはいけないものだと思います。

先生： では、いま出てきたような条文や原則は、なぜ変えられないのでしょうか。先ほど、基本原則は日本国憲法の根本的な原則だから変えられないと言いましたが、自分たちのことを自分たちで決めるのが民主主義であるということとは少し違うみたいに思いませんか。

先ほどグラウンドの使用で考えたように、自分たちのことは自分たちで決めるという民主主義にも少し制約があるかもしれない。民主主義でも決められない、決めてはいけないものがあるとすれば、それはなぜですか。話し合ってください。

グラウンド争奪戦—73

（生徒の意見を板書する、予想される意見）　　　　　（予想板書例）

多数決で多いほうが勝手なことをするから。
公平でなくなるから。
差別やいじめが起こるかもしれない。
個人の自由に任せないといけないものもある。
一人ひとりの権利は奪えない。
先に、話し合いをしなくなるから。
民主主義は正しい手続きをふめば、何でも決めてよいと思う。

先生：　いろいろな意見がでました。

最後に、さきほどの「顧問の先生や生徒会に任せればよい」という意見に対して出された意見についてです。実は民主主義の方法によって自分たちで決めること（民主主義）をやめた国があります。誰か知っていますか。

生徒　ドイツではないですか？　国会でヒトラーに全権力を任せる法律を作ったと習いました。

先生：　その通り。ナチス政権下で、国会の多数決によって「授権法」を成立させて、事実上、憲法を廃止しました。つまり、多数決で「すべてヒトラーに任せる」ということを決めたのです。その結果、ドイツは無謀な戦争に突入し、ユダヤ人の虐殺も行いました。国民は政府のすることに反対できなくなってしまったのです。日本も同じような経験をしました。政府に反対する奴は「非国民」だと戦争中にいわれたことを知っていますね。この経験から多数決でも間違うことがあるし、決めてはいけないことがある、ということを、私たちは再び学びました。再びというのは、「天賦人権」説、つまり人権は神から与えられたもので制限されない、という考え方は、18世紀に憲法が作られた時に生まれたものだからです。多数決でも奪われない「もの」があるという考え方です。でもそんなことは憲法には書かれていない。なぜかというと、憲法が持つ当然の性質だからです。ドイツや日本の歴史で、それを思い知らされたのです。

先ほど日本国憲法で変えられないものは？と質問しましたが、憲法にはこの条文は変えられないとは書いていません。でも、これがないと日本国憲法じゃないというものは、日本国憲法の成り立ちや憲法前文や一つひとつの条文をよく見ればわかると思います。しかしそれは人によって違うかもしれない。ということは、いわば日本国憲法というルールの「根本のルール」をみんなで探さないといけないということになります。

まとめ5分 ●●●

先生：　今日のまとめとして、この「根本のルール」という考え方である「立憲主義」を紹介しておきます。

74

立憲主義とは、①憲法は国の最高法規であること、そして権力の恣意的行使を防止するために存在し、特に人権は永久不可侵であること、②法の内容や法をつくったり変えたりする手続きでも公正であることが求められること、③このようなことは、国民の国政への積極的な参加、つまり民主主義が実現していることと密接に結びついていることが大切である、という考え方です。詳しくは日本国憲法の学習で勉強しましょう。

注釈

① 法むるーむネット：大阪弁護士会を大阪府高等学校社会（地歴・公民）科研究会の有志で構成された研究会です。

② 生徒の話し合いについて　各クラブの代表者は要求を引き下げることはないだろうから、成案を得ることは非常に難しいと予想できる。ここでは、さまざまな要求を調整する難しさを経験できればよい。ただし、なぜ決められなかったか、決めるためには今後どうすればよいかを、生徒に考えさせたい。

③ 発展的な授業として、第2案の「この場では採決せず、各部に持ち帰って話し合いを持ち、その結果を持ち寄って再度会議を行う」という授業も考えられます。

その際には教員が「今回のクラブ代表者会議の結果を受けて、再度、それぞれのクラブ会議でグラウンド使用の要求書を作成してください。まとまった要求書は、各自メモをしておいてください」とか「再度、クラブ代表者会議で、各クラブの要求を話し合って、グラウンド使用の調整案をつくってください。司会は生徒会係の生徒にお願いします。

代表者会議の結果は、配布した用紙に書いてください。」などと指示していきます。

④ 民主主義の大切さを考えてみましょう。民主主義は、ルールの決め方について定めた原則であるとも言えます。民主主義について、次のような点から改めて考えてみましょう。

　□納得できるルールを作るためには、どのような手続きを踏まないといけないのだろうか。

　□ルールを作る話し合いをする会議には、誰が参加しないといけないのだろうか。

　□ルールを作る話し合いをするときに、話し合いだけで意見がまとまらないときはどうしたら良いだろうか。なお、多数決については坂井豊貴『多数決を疑う』（岩波新書、2015）に詳しい。

（斎木英範）

政治分野　広義	授業難度：基礎
	授業科目：政治・経済
	現代社会
	時　間　数：1 時間

5 ローザ・パークスを知っていますか？
参政権の意味

授業のコンセプト ─────────────

1. 授業のねらい

①参政権が重要な権利であることを理解し、主権者としての意識を育成する。

②参政権を得るまでに多くの人の努力があることを理解する。

2. 教材について

①ほとんどの高校で実践できる内容です。

②公民科の授業だけでなく、総合的な学習の時間でも実践できると考えます。また、基本的に「1 時間完結型」の教材です。

③この授業案は別添のワークシートに生徒に意見を記入させながら進行します。パワーポイントを利用しての授業進行も可能です。

③ロール・プレイの手法を利用して生徒に考えさせる形式で授業を進めます。

④ローザ・パークスに関する絵本や映画などを利用して授業を行うことも可能です。

⑤この授業の前提として主体的・対話的で深い学び（アクティブ・ラーニング）の授業による良識ある公民として必要な政治的教養の育成があります。そして、この授業に引き続き、「自ら投票に行こうとする態度の育成」の授業、「公正に判断する力の育成」の授業を実践（→ p.83）していくことで主権者意識の向上を目指します。

⑥歴史的な出来事から参政権（投票する権利）の重要性を伝えることを目的とした授業です。差別的な法律と現実の差別に対し、一人声を上げたローザ・パークスさん（ローザ・パークス事件）を題材に、ローザさんの行動とその後の周囲の人々の行動（ボイコット運動）をロールプレイ形式で振り返り、その勇気と困難さを学び、最後に、黒人に選挙権があれば議会において法律を変えることもできるし、そもそも差別的な法律を否定することもできることに気がつくことを目指した構成になっています。

授業 LIVE

導入10分

先生： はい。授業を始めます。今日の授業の視点は、「投票する権利はなぜ大事なのか？」です。まずは、事例（ローザ・パークス事件）を見てみましょう ▶PP1 。

　今から60年以上前の1955年アメリカ合衆国アラバマ州では、白人が多数を占める議会でつくられた人種差別法（アラバマ州法）がありました。例えば、バス停の待合室、切符売り場、座席等が白人用と黒人用に分かれていました。

　ある日、ローザ・パークスという黒人女性（42歳）が仕事場から帰宅するためにバスに乗りました。彼女は、白人用の席が空いていたので座りました。法律によって、白人用の席があいている場合は、黒人がその座席に座ることが許されていましたが、白人が乗ってきたら黒人は白人に席を譲ることが定められていました。次第にバスが混みはじめ、運転手は法律に基づき、彼女を含めた黒人に対し白人に席を譲るように命じました。しかし、彼女だけはそれを拒み、座り続けました。そして、アラバマ州法に基づき逮捕されました。

PP1

先生： 事例、読み終わったかな。この事例のポイントをパワーポイントで確認していきましょう。まずは、当時のアラバマ州の人種差別法の内容を確認してみましょう ▶PP2 。

　➡何枚かパワーポイントで写真も見ながら確認させる。

　　さあこの法律は本当に差別的な法律かな？

アラバマ州法（人種差別法）
・バス停待合室、切符売り場、座席分離。
・白人用が空いている時だけ黒人も座ってよい。白人が乗ってきたら譲る。
　　　→ 守らなければ逮捕

PP2

ローザ・パークスを知っていますか？―77

(生徒1) 私は白人専用とか、黒人専用とか分けていることで差別にあたると思います。それに実際に白人用のものと黒人用のものに差があるのではないですか？

(生徒2) 黒人用の座席や売り場があるなら差別とは言えないじゃない。だって使えるわけでしょ。

先生： 黒人用の座席や売り場が用意させていれば差別とは言えない、まさにこの考え方が当時のアメリカの考え方であり、最高裁も「分離すれど平等」であれば認められるとしています。黒人用と白人用には差があったとしても用意されていれば差別とは認められませんでした。

(生徒3) 私が黒人だったらその考え方に納得できません。おかしいと思います。

先生： そうした発言が認められなかったんですね。そんな社会状況で事件が起こります。ローザ・パークス事件です ▶PP3 。白人用の席に座り、法律に反して白人に席を譲らなかった黒人女性ローザ・パークスさんが逮捕されるという事件です。ローザの逮捕に抗議した人々がバスボイコット運動を行います。この運動には、黒人だけでなく差別に反対する白人の参加もありました。そして、ボイコットの日数は実に381日、1年以上に及びました。

> ローザ・パークス事件
> ・白人用の座席が空いていたので、ローザ・パークスという黒人女性（42歳）が座り、混んできてもゆずらなかった。運転手が譲るように指示しても無視したので逮捕。
>
> PP3

(生徒4) そんなに長くボイコットしたのか。俺には無理だよ。

(生徒5) ローザさん凄いね。

展開25分

先生： すでに様々な感想が出てきていますね。さて、それではこれから皆さんにいろいろな立場の人になったつもりで質問を考えてもらいます。まずはローザになったつもりで考えてください。ワークシートに考えたことを書いてみましょう。

考えてみよう1　　ローザの行動を考えてみよう！

Q1　ローザはなぜ席を譲らなかったと思いますか。
Q2　あなたはその行動をどう考えますか。良いか悪いか。理由も書いてください。
Q3　あなたがローザならどうしますか。

78

先生： さあ、書けたかな。まずQ1から聞いてみたいと思います。ローザはなぜ席を譲らなかったと思いますか。

生徒6 差別がおかしいと考えたから反抗したのだと思います。

生徒7 おかしな法には従いたくなかったと思うな。

生徒8 同じ人間なのに差があるのはおかしいと思った。

生徒9 疲れて動きたくなかったからじゃないの。

先生： いろいろな意見が出てきましたね。それでは、次のQ2に行きます。ローザの行動はよいか、悪いか、理由を含めて答えて下さい。

生徒10 よいと思います（賛同多数）。差別への抵抗だし、法律がおかしいのだから間違った行動ではないです。自分の意思をしっかり持っているし。

先生： 反対の意見はないかな。

生徒11 私はローザの行動はよくないと思います。ルールはルールだから、法律で決まった以上破ってはいけないのではないですか。

先生： なるほど悪い行為ととらえる人もいましたね。でもほとんどの人がよい行為ととらえていますね。それでは、Q3に行きましょう。あなたがローザならどうしますか。全員に聞いていきます。

あるクラスの結果

席を譲る　　8割の生徒
　　　　　〈主な理由〉逮捕されたくない。1人では無理。自分が逮捕されると子供たちが大変。
席を譲らない　2割の生徒
　　　　　〈主な理由〉間違ってないから。譲る必要ない。差別をなくすため。譲ったら同じことの繰り返しになる。

先生： さあ、それでは今度はローザの周囲の人が取った行動を、ローザの周囲の人になったつもりで考えてみましょう。ワークシートに考えたことを書いてみましょう。

ローザ・パークスを知っていますか？―79

> **考えてみよう2**　周囲の人が取った行動について考えてみよう！
>
> Q4　なぜボイコット運動が起こったと思いますか。
> Q5　ボイコット運動はよい行動か悪い行動か判断してください。理由を書いてください。
> Q6　あなたはボイコット運動に参加しますか。

先生： さあ、書けたかな。それでは、Q4について聞いてみたいと思います。なぜボイコット運動が起こったのだと思いますか。

(生徒12) 差別がよくないし、逮捕はあまりにひどいから。我慢できなくなったのだと思います。

（同様な意見多数）

(生徒13) ローザの勇気ある行動に心を打たれたから。一人の行動でみんなの心に火がついたのだと思う。

先生： では、Q5ボイコット運動はよい行動か悪い行動かどちらですか。

(生徒14) よい行動だと思います。差別をなくすための行動だし、迷惑かけてない。

（同様な意見多数）

(生徒15) ボイコットではない他に方法なかったのかな。

(生徒16) よいとは言えないのでは？　バス会社の人困るんじゃない。

先生： そうですね。よいか悪いか、どちらが正解、というわけではありません。よくないと考える人もいるようですが、ボイコット運動をよしとする人の方が多いようですね。それでは最後の質問です。Q6あなたはボイコット運動に参加しますか。

> **あるクラスの結果**
>
> 参加する　　8割の生徒
> 　　〈主な理由〉　差別をなくしたい。法律おかしいから。もしかしたら変わるかもしれない。歩けばいいだけだから。みんなでやれば怖くない。大人数ならできる。一人でないから。便乗しておく。

> 参加しない　２割の生徒
> 　　　〈主な理由〉　疲れる。自分には無理。やはり怖い。巻き込まれたくない。

先生：　ローザと同じ行動を取ると答えた人は少なかったですが、ボイコット運動には参加する人が増えましたね。それはなぜですか。

（生徒17）納得していなくても、１人でバスの中で頑張ることはできないと思いました。でも、みんなと一緒ならできると思います。

先生：　なるほど。それでも参加したくない人もいますね。巻き込まれたくない、怖いという意見もありますね。どうですか。

（生徒18）毎日歩くのは大変だし、ボイコットに参加することで権力から睨まれたり、巻き込まれたりするのはやはり怖いです。自分の生活に影響するし。

先生：　そうですね。ではほかに方法はないでしょうか。

（生徒19）うーん。

先生：　難しいかな。差別が認められてしまっているのは差別的な法律があるからですよね。では、法律を変えるためにはどうしたらよいですか。

（生徒20）法律は議会で作られるものだから。議会で変えればよいと思います。

（生徒21）でも、この当時の議会は白人中心の議会だったんでしょ。法律に反対の人は議会に少なかったのでは。それに黒人は選挙権持っていなかったのではないかな。

先生：　いいところに気がつきましたね。そのとおり、この法律は白人の議会で作られたものであり、当時の黒人は参政権を持っていませんでした。投票によって議会で法律を変えることは非常に難しかったということです。それでは、もし選挙に行くことで法律が変えることができるのであればみなさんどうですか。

（生徒22）選挙に行くことはできます。

（生徒23）確かに巻き込まれることもないしね。でもめんどくさいかな。

先生：　もちろん、選挙に行くことも労力がいりますが、選挙には武器なしで政治を変えられる可能性がありますね。ローザやボイコット運動のように勇気を振り絞る必要はないですよね。それでは、この事件がどうなっていったのか、を見ていきましょう。

ローザ・パークスを知っていますか？ー81

ボイコット運動が続く中、1956年アメリカの連邦最高
裁判所がアラバマ州法の違憲判決を下します ▶PP4 。
ローザ・パークスの行動が大きな扉を開いた瞬間です。
「分離すれど平等」は認められなくなります。そして、
この動きが、選挙権があればこのような差別的な法律
が成立することもないとして、黒人の参政権を求める

バスボイコット事件と裁判
・ローザの逮捕に抗議して、大規模なバスボイコット運動（381日）。 ・ローザと仲間はアラバマ州法は平等ではなく憲法違反だと主張。 　→1956年　最高裁違憲判決

PP4

公民権運動へとつながっていきます。「I have a dream」の演説で有名なキン
グ牧師もボイコット運動に参加し、公民権運動のリーダーとなり、1965年公民
権法の成立へとつながります。

まとめ15分 •

先生：　さあ、今日の授業をワークシートにまとめてみましょう。

ワークシート

(1)1950年代アラバマ州法…バスの座席など白人・黒人分離
　➡「分離すれど平等」は認められるとの考えより、白人議会で成立
(2)1955年ローザ・パークス事件➡バスボイコット運動（381日）
　＊ローザの考え…アラバマ州法は差別的法律でおかしい
(3)1956年アメリカ連邦裁判所　違憲判決…「分離すれど平等」認めず
　➡選挙権を得れば差別解消につながる…公民権運動へ

先生：　ワークシートにアメリカの黒人差別の歴史がまとめてあります。確認しましょ
　　　　う。キング牧師の演説から50年近くたった2009年には黒人初のオバマ大統領が
　　　　就任し「I have a dream」の実現に近づいたと言えるのではないでしょうか。

ワークシート

(1)15～19世紀　奴隷貿易…アフリカより1000万人
(2)1789年　アメリカ独立宣言…「人は皆平等」しかし奴隷は解放されず
(3)1863年　奴隷解放宣言　南北戦争時にリンカーン大統領が宣言
　➡南北戦争後も形ばかりの平等（特に南部…差別続く）
(4)1950～60年代　公民権運動…黒人の参政権など法律上の平等を求める運動
　＊キング牧師「I have a　dream」演説…ワシントン行進
　➡1964年　公民権法（黒人参政権認められる）

(5)2009年　バラク・オバマ大統領就任…黒人初の大統領

先生：　最後に今日の授業で感じたことをワークシートに書いてみましょう。

（時間があれば感想を書き終わったら何人か発表してもらったり、次の授業で感想をまとめたものを配付したりすることで、授業の内容を振り返ることになります。）

主な意見

・選挙って大切なんだと思った。
・ローザさんはすごい。ローザさんの頑張りを無駄にしないようにしないといけない。差別はだめ。
・今回の人種差別の例のように多くの人が選挙する権利を持ち、多くの人が選挙に参加するべきだと思った。一人の行動が多くの人を動かす一歩になることがわかった。
・投票する権利がこんなにも大事なんだと思った。
・ローザは女性一人で席を譲らなくてすごいと思う。私は一人だったら席を譲ってしまうが、だれかが頑張れば一緒にできる。勇気と正義感すごい。
・自分から行くという気持ちがすごい。俺も何も変わらないかもしれないけれど積極的な行動をすることは大事だと思った。
・一見、一人じゃ世の中変わらないと思っていたが、今回の話を聞いてそんなことはないと思った。一人ひとりの意見が大事だと思った。

先生：　今日の授業では、ローザ・パークス事件を題材に、投票する権利の重要性、大切さを考えてもらいました。皆さんの感想をみると、参政権の重要性に気がつくだけでなく、権利をえることへの先人の苦労や立ち上がる、声を上げる勇気への理解・感動などもみてとれますね。

次の授業でも引き続き、皆さんが主権者としてどう考え、どう行動していくのか、を考えてもらう主権者教育を進めていきたいと考えています。

今回の事例から始める単元の展開

主権者教育として、次ページのように段階を追って授業を展開しました。

ローザ・パークスを知っていますか？―83

1）参政権が重要な権利であることの理解と意識の育成を目指した授業
　　対象授業「ローザ・パークス事件から参政権の重要性を考えよう」（本時）
2）藤井剛明治大学特任教授による「選挙にいかなければ損をする」の授業（→本書 p.38からの事例）
3）藤井先生の授業を受け、自ら選挙に行こうとする態度の育成を目指した授業「選挙に行こう！」
4）選挙において公正に判断する力の育成を目指した授業
　　「マニフェスト研究・模擬投票授業」（→清水書院・ワークシート）
5）普段の行動で選挙違反にならないよう行動する力を育成する授業
　　「選挙クイズ」

なお、3）自ら選挙に行こうとする態度の育成を目指した授業の実践例「選挙に行こう」の概略は以下のとおりです。

【授業を考えたコンセプト】

「選挙は大事だとわかったとしても投票行動にはつながらない。」

これは、投票する権利の重要性を伝えた後に生徒が発した「えー、選挙ってそんなに大事なんだ。じゃあだれか、行って！」という言葉から思ったことです。まず重要であることを理解させ、次に選挙に行くことのハードルを下げる。こんな流れを考えました。ローザ・パークス事件で選挙権の重要性を伝え、藤井先生の特別講義とこの授業で選挙に行くハードルを下げることを目的として行いました。

|発展授業| **選挙に行こう**

【授業の導入】

　4人の人物の顔写真（勤務校社会科教員の顔：Aベテラン男、B中堅男性、C若手男性、D中堅女性）を示し、この写真が選挙ポスターだとして、顔で選ぶとすればだれを選ぶかを考えさせます。その後、顔で候補を選ぶことについて生徒に問いかけると、生徒からは顔で選ぶことに疑問を提示する意見が多く出ます。

A　　　　　　　B　　　　　　　C　　　　　　　D

【展開１】

　藤井先生の授業内容の確認と選挙権の重要性を理解するワークを実施。日本の財政難の解決策として【考えてみよう１】の政策を提示し、賛否を考えさせます。

考えてみよう１　　次の政策を考えよう

　20○○年、日本では財○党が政権を握り、1000兆円を超えた借金返済のため次のような政策を発表した。

＊人頭税：18歳以上１人30万円　➡　　１億人として毎年30兆円

＊消費税：30%　　　　　　　　　➡　　１％で２兆円増税となり毎年22兆円

＊所得税：最高税率40%→70%　➡　　平成６年まで70%だった。その当時の税収で
　　　　　　　　　　　　　　　　　　　考えると毎年10兆円

　そして、もしこのような法律が国会で成立したとしたら、あなたはどのような行動を取るか、【考えてみよう２】を提示し、考えさせます。

考えてみよう２　　次の政策を考えよう

　増税に反対ならどうしますか。

〈１〉海外に移住する

〈２〉反対デモに参加したり、ネットで反対運動を行ったりする

〈３〉あきらめる

〈４〉その他

　その後、高齢者に対する支出増、教育費削減の政策についても同様に生徒に考えさせ、シルバー民主主義の中での実現の可能性を提示します。

【展開２】

　藤井先生の授業をもとに政策による候補の選び方を提示。その後、３つの問いについて生徒の重視することを考えさせていきます。

ローザ・パークスを知っていますか？ー85

どちらの候補をえらびますか？…1

(A候補)

　　背が高く、容姿がよく、イケメン。また、頭もよく、成績も抜群。クラスの
リーダーで行事などでも的確な指示を出し、クラスをまとめるのがうまい。し
かし、意地悪な面もあり、他人に対する言葉が厳しかったり、馬鹿にするよう
なそぶりがある。

(B候補)

　　いつも笑顔であり、周囲に対してはいつも優しく接し、清掃や片付けなど人
の嫌がる仕事も率先して行う。しかし、あまりさえない容姿であり、クラスで
は目立たない。他者に指示したりすることはあまり得意ではなく、優柔不断な
ところもある。

どちらの候補を選びますか？…2

(C候補)

　　自分の考えることに近い政策を掲げており、その候補の政策が実現すると自
分にも得になる可能性がある。しかし、その候補の印象やしゃべり方等、人柄
にはあまり好感を持つことはできない。

(D候補)

　　その候補の印象やしゃべり方等、人柄には好感を持っている。しかし、自分
の考えることとは離れた政策を掲げており、その候補の政策が実現すれば自分
にとっては損をする場合もある。

どちらの候補をえらびますか？…3

(E候補)

　　自分の考えることに近い政策を掲げており、その候補の政策が実現すると自
分にも得になる可能性がある。しかし、その候補はリーダー性に乏しく、優柔
不断であり、能力も高いと思えない。

(F候補)

　　能力が高く、リーダー性もあり、政治家としての資質が高い。しかし、自分
の考えることとは離れた政策を掲げており、その候補の政策が実現すれば自分
にとっては損をする場合もある。

生徒の選択させたのちに、それぞれの選択肢にどんな意味があるのか説明します。生

徒それぞれが重視していることがなにかを考えさせます。選択肢は、政策、資質、人柄の組合せであり、前頁に示した3つの選択をすることで、自分が重視することが何かがわかるようにしてある。

結果 自分が投票の時重視することは何か？

AB　資質（A）と人柄（B）　　　CD　政策（C）と人柄（D）
EF　政策（E）と資質（F）
➡　ACE　政策派　　　ACF　資質派　　　ADE　?　　　　ADF　資質派
　　BCE　政策派　　　BCF　?　　　BDE　人柄派　　　BDF　人柄派

【まとめ】

　冒頭の写真に戻り、顔で候補を選ぶことが本当にいけないことか、を考え、自分の人生、将来を任せることができる人物の選択の仕方は様々であることを伝え、必ずしも顔で選ぶことが間違いではないことを伝えて終結とします。

（長束倫夫）

歴史から学ぶ主権者教育のあり方

　新しい学習指導要領では、地理歴史科でも主権者教育的な学習が求められる。本事例は、歴史的事象を用いた主権者教育実践として位置づけられよう。歴史的事象を用いた主権者教育は、その歴史的展開を踏まえつつ主権者教育に必要な「考え方」を確認する上で有効である。本事例のように、ローザ・パークス事件を取り上げると、現在とは異なる「平等権」に対する考え方を学ぶことができるし、また、そのような事件が起こった時代背景を学ぶことが出来る、そして、現代の子どもの視点でその総体を評価できる。一方で、このような学習は「歴史否定学習」になりかねない側面もある。当時の時代背景をしっかり踏まえた展開が望まれる。

（橋本康弘）

6

経済分野　広義

授業難度：基礎
授業科目：現代社会
　　　　　政治・経済
時　間　数：1〜2時間

シルバー民主主義をこえて
時間と選択と投票

授業のコンセプト ────────────────

1. 授業のねらい

①選挙結果から、現代の日本が抱える「シルバー民主主義」などの現状について考える。

②若者が選挙に行く意義について考える。

③選挙で選ぶ基準にはいろいろなものがあるということを知る。

2. 教材について

①授業の前半では、投票結果から有権者は投票の際に「時間軸」を基準として投票を行っていることを学びます。後半では、その投票結果を受けて、なぜそのような結果が出たのかを考える教材です。

②①で考えるための材料として「時間」の概念を持ち込みました。具体的には「残された時間の多い人」と「残された時間の少ない人」とでは、選択する政策が異なることが分かる教材になっています。

③授業の目標である「時間軸」の理解は、1時間目だけ、2時間目だけでも理解できる教材になっています。

③大がかりな準備を必要としない、紙ベースでの実践が可能な教材です。

④政治的視点に経済的視点を加えた多面的なアプローチを試みた教材です。

⑤この授業の1時間目は、高校3年生を対象にしています。しかし、高校1、2年生を対象に授業を行うこともできます。その場合は、1、2年生の投票を先に行い、3年生の投票結果を後で発表して下さい。またさらに発展させると、今回の実践で実施した選挙の結果を記録しておいて1、2年後に同じ選挙を行うことで、自分が3年生になるとどのような投票基準を形成するかを考えさせることが出来ます。同じ人間でも若い頃と高齢者になってからとでは選ぶ政策が異なるということを自身の活動から導き出すことができます。「時間」というキーワードを用いて、いろいろと工夫ができる教材です。

授業 LIVE

導入 3 分

先生： 今日は大きな箱を持ってきましたよ。

（生徒1） 投票箱って書いてありますね。

（生徒2） 投票するのですか？

（生徒3） 模擬投票ですか？

先生： はい。今日の授業では、みなさんに架空の選挙を想定して投票をしてもらいます。その前に、この授業でみなさんにどのようなことを学習してもらいたいのかを説明しますね ▶PP1 。

（生徒） はい。

先生： 架空の選挙と言いましたが、実際にどのような選挙をするのかという場面設定は先生が考えてきました。その結果をみんなで分析しながらシルバー民主主義について考えてみようというのが今日の授業の目標です。

PP1

導入
今日は、みなさんに教室の中で架空の選挙を想定して実際に投票して、もらいます。
その結果をみんなで見ながらシルバー民主主義について考えましょう！

（生徒1） なんだか難しそうだな？　そのシルバー民主主義って何ですか？

先生： ちょっと難しい用語でしたね。シルバー民主主義というのは、高齢者層が政治にとても大きな影響力を持つようになったという現象のことを一般にさしているんですよ。なんと言っても少子高齢化がどんどん進んでいますからね。

（生徒2） なんだか興味深い選挙になりそうね。やってみましょう！

シルバー民主主義をこえて—89

先生： それではさっそくはじめましょう。今から一枚プリントを配ります。ここには、架空の生徒会長選挙に立候補した二人の生徒の主張がまとめられています。

展開①15分

先生： それでは、各候補者の主張をみていきましょう。[1]

候補者1

私は『生徒が主体（運営できる）の学校づくり』を目指します。

私が生徒会長になったら、第1に購買が開いている時間を、昼休みだけからすべての時間に広げます。また昼休みだけですが、移動式の冷凍庫を購買の部屋から出し入れして、アイスを販売できるようにします。第2に、3年生優先の集会運営にします。全校集会などでは3年生から整列し待たされる時間がありました。この慣例を改め、1年生からの入場とし退場は3年生からとします。第3に、小さくて不便だった個人用ロッカーを現在の3倍の大きさのものに変えます。

これらは、大きな工事などが必要ありませんので、夏休み明けからすぐに実現できます。

候補者2

私は、『将来の明るい学校づくり』を目指します。

私が生徒会長になったら、第1に、全員が使える「自習室」と英語などの音読ができる「音読室」を、現在の空き教室を改装して作ります。第2に、無料Wi-Fi環境です。通信端末を使った授業や、休み時間も快適にネット配信による予習・復習ができるようにします。第3に、空いている教室を活用して学生食堂をつくりたいと思います。アンケートをとって、高校生に人気のあるメニューをそろえて、魅力ある学生食堂にしていきたいと考えています。

すべて工事が必要なので、今の1年生が2年生になった来年の4月には実現できると考えています。

（生徒1） アイスクリームはいいなぁ。

（生徒2） Wi-Fiも魅力的だし、学生食堂も楽しみだなあ。

先生： それでは開票結果をお知らせします[2] ▶PP4 。

PP4

> **結果**
> 候補者1は「32票」、候補者2は「8票」でした。
> この結果、候補者1の当選が決まりました。

(生徒1) 先生‼ この選挙では候補者2は当選しません。

先生： なぜそう思ったのですか？

(生徒2) だって、Wi-Fiにしても学生食堂にしても、私たち3年生は使えません。

(生徒) 購買のアイスクリームならば、すぐ利用できそうです。

先生： なるほど、君たちが利用できないのでは、この投票結果になったのも仕方がありませんね。

展開②27分

先生： 実は、これを同じ選挙をすでに1年生と2年生で行ったのですが、どのような結果になったと思いますか？

(生徒1) 結果を教えてください。私たちと違うのかな？

(生徒2) たぶん、1年生はWi-Fiの設置を支持する生徒が多いんじゃないかな？

先生： どうでしょうか……それでは発表します。

> 1年生と2年生の投票結果
> 候補者1は「88票」、候補者2は「272票」でした。

先生： 両学年とも候補者2の獲得した票数が多いことがわかりました。

(生徒) うわー……

(生徒1) やはり自分で利用できると結果は変わるのですね。

(生徒2) 各学年で違う結果が出たというのはおもしろいですね。

先生： どうして各学年で投票結果が異なったのかを考えてみませんか？ ▶PP5

PP5

シルバー民主主義をこえて—91

〈ここでグループで話し合いをする。〉
または、
〈いろいろな意見を出してもらいながらクラス全体で話し合いをする〉
話し合いのテーマは、「どうして1、2年生と3年生とでは選挙の結果が異なったのでしょうか？」にする。話し合いの結果を発表する際には、結論をはじめにあげさせ、次にどうしてそう考えたのかという理由を述べさせるように指示しておく。

[生徒1] 選挙の結果から、自分たちが利用できないものに対しては関心が薄まるということがわかります。卒業した後にできても、私たちは得をしません。

[生徒2] 私たちが学校にいることができる時間は、1年生や2年生とは違い短いわけですから。残された時間が違います。

先生： 残された時間が長い人と、残された時間が短い人とでは、選ぶ基準が違ってくることもあるということでしょうか。

[生徒1] 1、2年生の投票結果から、異なることが分かります。

[生徒2] これって、実際の社会にも当てはまる傾向なのでしょうか？

展開③15分

先生： それでは、実際の社会に当てはまる傾向なのかどうかを考えてみましょう。これから皆さんに一枚ずつカードを配付します。1人一枚です。

[生徒1] 1人一枚ですね。

先生： そうです。皆さんに一枚ずつカードを届けますね。

[生徒1] わー、私はおじいちゃんだ！ ▶PP6

PP6

[生徒2] 私は会社に勤務している20歳代の女性よ ▶PP7 。

[生徒3] 私は40歳代の男性だ。会社員なんだけど、会社がつぶれたり、成績が悪いからとクビにならないように頑張って働かなくちゃ ▶PP8 。

PP7

先生：　皆さんの手元にカードが届きましたね。まずはカードの内容をよく読んでください。そして、これからしばらくの間はその人物になりきってくださいね。

生徒①　よーしおじいちゃんになりきるぞー！　おじいちゃんだったら、どのような政策を好むのかな？

PP8

先生：　いいですねー。それではもう１一枚ワークシートを配付します。

生徒①　今度はどのようなワークシートですか？

生徒②　なんだかまた選挙みたいですよ！

先生：　今度は別の選挙を設定しますよ。候補者はＡさんとＢさんの二人です。二人の主張をよく読んでください ▶PP9 ▶PP10 。

　　　私は選挙で３点を長期的に提案します。
１、正規雇用の増加と、所得は減るかもしれませんが、労働基準法を守らせ過労死ゼロを目指します。
２、すべての保育園を無償化します。教育の初期投資で子どもの貧困を減らし、生活保護費など将来的な財政負担を抑えるからです。
３、外交政策は対話です。時間はかかりますが、対話をし続け解決できない部分は棚上げをしつつも、恨みを買わずテロの標的にされない国づくりを目指します。

候補者Ａ

PP9

シルバー民主主義をこえて―93

> **候補者B**
>
> 私は今回の選挙で3つを約束します。
> 1、高齢者への年金支給増額と、介護保険を充実させます。
> 2、新築着工数がバブル期を超えた現在の経済活性化を維持するため、住宅ローン減税を延長します。
> 3、外交政策は圧力です。隣国の脅威に対し、日本防衛のためなら武力行使もせざるをえません。
> すべての財源は、経済成長による将来の税収アップに期待しています、現在のように金融緩和をし続けている限り大丈夫です。

PP10

〔生徒1〕 二人の主張はだいぶ違いますね。

〔生徒2〕 私たちはきちんとカードで与えられた役割を認識して政策を選ぶ必要があるんですね。

先生： そのとおりです。皆さんの手元にあるカードの人物だったら、どの候補者を選ぶのかを考えながら投票したことにします。この授業では投票はしませんが、手元にあるワークシートに、「なぜその候補者を支持したのか？」という理由を書いてください。[3]

先生： 結果を発表します ▶PP12 。

開票しましょう！
候補者A 正
候補者B 正正正正

PP12

候補者Aは「12票」、候補者Bは「28票」でした。

先生： この選挙結果を分析してみましょう。どのようなことが考えられますか？

〔生徒1〕 高齢者向けの政策が支持されたということですよね。ということは……

〔生徒2〕 投票した人の多くが高齢者なのかしら？

〔生徒1〕 先生、先ほど配付したカードの枚数はどうなっているのですか？

先生： はい。いいところに目をつけましたね。実は、カードの構成はこのようになっているのです ▶PP13 。

生徒1 えー……20歳代の人が少ないんですね。

先生： どうしてカードの枚数をこのようにしたのだと思いますか？

```
カードの構成

20歳代女性 …… 10人
40歳代男性 …… 15人
60歳代男性 …… 15人
```
PP13

生徒2 ……実際の社会で若者の占める割合が低いからでしょうか？

先生： はい。それではこの資料を見てみましょう。

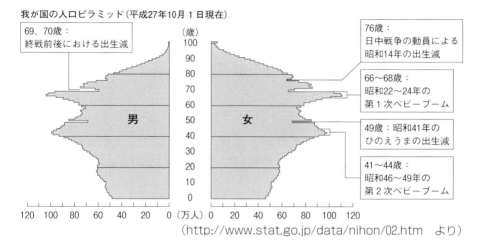

我が国の人口ピラミッド（平成27年10月1日現在）

69、70歳：終戦前後における出生減
76歳：日中戦争の動員による昭和14年の出生減
66〜68歳：昭和22〜24年の第1次ベビーブーム
49歳：昭和41年のひのえうまの出生減
41〜44歳：昭和46〜49年の第2次ベビーブーム

（http://www.stat.go.jp/data/nihon/02.htm より）

生徒1 何度か見たことがあります。人口ピラミッドですね。

生徒2 人口を表したグラフですね。

生徒3 左が男性で右が女性というように男女別の年齢ごとの人口を表しているのですね。

生徒4 なるほど。だから底辺が0歳になっていて頂点が最高年齢になっているんだ。

生徒5 人口が落ち込んでいる箇所がいくつかありますね。

先生： その点はちょっと別の時間で考えてみましょう。他には？

生徒6 私たちに配ったカードはこの年齢構成に近いのですか。

先生： そのとおりです。人口ピラミッドの比率に近い形でカードの枚数を割り振りました。ではここまでの説明で、みなさんは2回目の選挙の結果をどのように分析しますか？

生徒1 私はおじいちゃんだから候補者Bの主張はよくわかるな。高齢者としては同じような思いの人が多いんじゃないかな。

生徒2 20歳代の女性としては、なんといっても保育所の充実に注目しました。同年齢の人たちで同じような思いの人は多いと思います。

生徒3 私は候補者Aの若者の「正規雇用を進める」という政策が気になったな。いい政策だとは思うけれども、我々40歳代の仕事が減ってしまうのではないかと心配になってしまいました。

先生： なるほど。皆さんの発言から、候補者Bが当選した理由を総合的に分析するとどうなるでしょうか。

生徒1 候補者Aが主張している政策は、若者に支持される傾向があると思います。

生徒2 60歳代男性は、30年後のことはあまり考えないんじゃないかな。

生徒3 候補者Aの政策は、残された時間の多い人向けのもののようだね。

生徒1 年齢別人口構成比を見ると20歳代の比率が少ないことがわかります。だから、若者向けの政策を主張しても、集まる票が少ないんじゃないかしら。

生徒 そもそも60歳代は、投票率が高いこともあるよね。

先生： 皆さんの発言は、問題の核心に迫っていますね。第1に、社会全体の人口構成比を分析しているということ。第2に、各候補の主張を、残された時間の多い人や少ない人が聞いたらどのように感じるのだろうかということを想像している点です。さらに、年代別の投票率の差も指摘してくれました。

生徒2 1回目の選挙と同じ構造なのですね。高校1年生や2年生が在学できる時間は3年生よりも長いです。実際の社会でも、若者に残された時間は、一般的に高齢者に残された時間よりも長いですね。選ばれる政策と、残された時間という枠組みでは、1回目の選挙と2回目の選挙はとても似ているのですね。

先生： それでは、今日の授業の中でみてきた2回の選挙と、この人口ピラミッドとはどのような関係があるのでしょうか？　グループで話し合ってまとめてください。

> ここで話し合いを行う。話し合った結果はグループごとにまとめて発表するということを予告しておく。

先生： それでは、皆さんがどのようなことを考えてまとめたのかを発表してもらいましょう。

生徒1　はい。まずはじめに、生徒会長の選挙からは、残りの在学期間の長さによって選択する政策が異なるということがわかりました。

生徒2　2回目の選挙では年齢別人口比で若者よりも高い比率を占めている高齢者の意見が強く反映されているなと感じました。

先生： この二つの選挙を結びつけて考えたらどうなりますか？

生徒1　えーと……つまり、残された時間の短い人が集団の中に占める比率が高いとしたら、未来に向けた政策が選ばれる可能性が小さくなるということなのかな。

生徒2　ということは、未来の政策よりも現代の課題に関する政策を主張した候補者が当選しやすくなりますね。

生徒1　時間のことを考えさせる選挙とカードの枚数で多数派が占める場合のことを考える二つの選挙をこの時間に行ったのですね。

先生： 今日の選挙を振り返ってみましょう。1回目の選挙では、数は少なかったのですがWi-Fiやコインランドリーの設置に賛成した人もいましたね。自分たちは使えないのに、未来を重視した政策に賛成した人もいたのです。どのような気持ちでWi-Fiやコインランドリーの設置に賛成したのでしょうか？

生徒1　きっと後輩思いの人が投票したんじゃないかな？

生徒2　自分のことよりも後輩のことを考えたのね。

生徒1　同じように、現実の社会でも若者のことを考えて投票する人もいるんじゃないかな？

シルバー民主主義をこえて—97

生徒2 私たちが投票することで、そのことに気がつく人も出てくるんじゃないかな？

生徒1 自分が得をするから投票するという人もいるし、人の幸せを願って投票する人もいるし、私たちはいろいろなことを考えた上で一票を投じなければいけないんだね。

生徒2 選挙の時に私たちが考える価値というのは多様なものなんですね。私たちはあれもこれもと投票することはできません。実際の選挙では、候補者はいろいろな政策を主張しているのでもっと複雑なんだと思います。そこで一票しか持っていない私たちは、何を重視するべきかを考えなくてはなりません。そのためには、いろいろな価値を知っていることが大切なんだと思うようになりました。

先生： 投票するにもいろいろな基準があることに気がつきましたね。
次の時間は、このような状況のもとで私たちが投票に行っても影響はあるのかということを考えてみましょう。

生徒 はい！

留意事項

　この授業では、選挙結果を示し投票行動を考えさせる授業を展開しましたが、実際に選挙を行って授業を展開することは可能ですし、ぜひ実践してみて下さい。ただし、実際に投票を行う際には、

Ａ．本授業案は、第３学年を対象に展開していますので、この授業を展開するためには第１学年と第２学年の生徒のデータが必要になります。具体的には本授業案の「展開１」で示した模擬投票を１・２年生にあらかじめ行っておき、その結果を３年生に紹介し、その数値と自分たちの投票結果とを比較させるという展開になります。

Ｂ．もしも１・２年生の授業で展開する場合には、３年生のデータが必要です。残された時間（この授業の場合は在学期間）が異なることで、選択する政策が異なるのではないかということを体験するために、授業を行う学年以外で「展開１」の中に出てくる選挙を行っておく必要があります。

　ただし選挙結果が、この授業ライブと異なる結果にならないよう工夫して下さい。

注釈

① 候補者１、候補者２の主張は、各学校の状況に応じて設定してください。設定する際の留意点は、候補者１の提案は、今年度に実現可能な政策を設定してください。候補者２は、２年

後または3年後に実現可能なものを設定してください。

本授業では、3学年の授業案を設定しています。よって投票する際に、1年生や2年生にとってはうれしい政策なのですが、3年生にとっては卒業した後に実現するような政策を設定してあります。

[2] ここでは、投票が終わった「投票結果」を生徒に示し、投票行動を考える設定の授業を示しました。実際に投票を行わせる授業も可能ですが、「後輩思いが多い3年生」だと投票結果が反対になる可能性があるので、実際に模擬投票を行うには注意が必要です。もしも、投票結果が教師の想定する結果と異なった場合には、もともと想定していた数値（またはほかのクラスの結果や前年度の結果）を示し、どうして異なる結果になったのかを考察することで、よりいっそう深い学習につながります。

[3] ここでも1回目の生徒会の選挙同様、投票が終わり「投票結果」を生徒に示し、投票行動を考える設定の授業を示しました。実際に投票を行わせることも可能ですが、その場合には、候補者Bが当選するような工夫が必要です。

（金子幹夫）

授業実施上の注意

「残された時間」をキーワードに、ロールプレイなどを盛り込んだ模擬選挙を2回行い、「シルバー民主主義」を理解させる優れた授業実践である。

あまりにも素晴らしい授業なので、高校で3回、大学で1回、授業提案と異なり投票を実際に2回行う授業を行った。ところが予想に反して、生徒会長選挙では候補者2が、もう一つの選挙では候補者Aが当選したのである。生徒達に理由を尋ねると、「後輩達のことを考えた」「自分の将来よりも子供達のことを考えた」など、優しい気持ちを持って投票したとのことだった。このように、実際に模擬選挙を行う場合は、予想に反する結果になることが多いので、「自分の利益を最優先にする」指導を行ったり、「当該校の3年生が絶対選択するような主張」を作成したりする必要があるだろう。

また、シルバー世代の人口比が多く、若者は絶対的に不利であるとの認識を持たせすぎると、「自分達が投票に行っても政治は変わらないので棄権する」ことになりかねない。統一地方選挙の市町村議会議員選挙で、最後の1議席が同数票となり、くじ引きになった例が全国で約10あったことや、本書の「事例2　選挙に行かないと損をする？　1票あたりのお値段」の授業の最後で解説しているように「確かに『1票』で政治は変わらないが、みんなで選挙に行って若い世代の投票率が上がると、立候補者や政治家は若者向けの政策を訴えざるを得なくなる」ことを、十分説明する必要があるだろう。

（藤井　剛）

7 みんなのおかげでフリーライダー
税から政策を考える

投票行動　広義

授業難度：基礎
授業科目：現代社会
時 間 数：2時間

授業のコンセプト

1. 授業のねらい
①公共財の性質を理解し、「税を納めることは義務である」というだけの認識から脱却させる。
②租税制度の意味や自分たちが租税制度を作る主体であることを理解させる。
③租税制度の意味を理解した上で、効率と公正の観点から租税制度を評価することを通して、主権者としての資質を養う。

2. 教材について
①ほとんど全ての高等学校で実践可能な内容です。
②公民科の授業でも、LHRや総合的な学習の時間でも実践可能なように作成してあります。授業時間については租税制度について考えさせる部分で2時間としています。
③この授業案は、別途のパワーポイントで授業を進めるものですが、ワークシートのみとし、生徒に書き込みをさせながらの授業も可能です。
④この授業をうけて、ディベート学習や公民科の財政や社会保障制度などの授業に発展させることができます。

授業 LIVE

〈 第1時 〉

導入7分

先生： 今日は税について学習してきます。まず、この写真を見てください ▶PP1 。これらは、税金を財源として私たちに提供されているものです。では、問題です。

PP1

問1 次の公共財について、その費用が安いものから順番に並べましょう。

①消防車（はしご車）の購入費　　　　②公立高校の校舎の建設費
③公立高校（1校分）の全教室の加湿器の購入費
④S市の市立図書館の図書購入費

生徒① おそらく、校舎の建設は費用がかかるでしょうね。

生徒② 消防車（はしご車）の購入費用は全く分かりませんね。

先生： 正解は、③（約150万円）→④（約8340万円）→①（約1億6000万円）→②（約95億円）です。これらは全て、私たちが納めた税を財源としており、公共財と呼ばれています。公共財には様々なものがありますが、例えば、岬の灯台なんかも公共財にあたります。では、灯台はどのような役割を果たしているでしょうか？

生徒① 灯台の光は、夜間に船乗りが自分の船の位置を確認するために用いられています。

先生： そうですね。灯台の例でも分かると思いますが、公共財には大きく二つの性質があります。一つ目にみんなが同時に利用できるという点です[①]。灯台の光は複数の船乗りが同時に利用できます。もう一つは、対価を支払っていない人も利用できるという点です。特定の船乗りだけ、料金を支払っていないからといって排除することはできませんね。公共財の定義は、みんなが同時に利用できる、対価を支払わなくても利用できる、の二つですから、この二つの条件を満たしている灯台は公共財と言えますね。では、灯台のような公共財を民間企業は提供してくれますかね？

みんなのおかげでフリーライダー──101

生徒2　民間企業はお金儲けを重視するため、なかなかそのような公共財を提供するのは難しいのではないかと思います。

先生：　その通りですね。公共財は原則として、無料で利用できるので、社会全体にとっては必要でも、民間企業からの提供は難しいですね。そのため、政府が皆から税を徴収し、提供することになっています[2]。では、高校の校舎は、どのような点で、社会全体にとって必要なものだと見なされるのでしょうか？

生徒1　うーん。本来は利用者である私たちが支払うべき費用が、税によって賄われている理由ってことですよね？

生徒2　分かりました！　私たちが大人になってから、ものすごい発明品を開発したりする可能性があるからじゃないでしょうか？

先生：　それも一つの理由ですね。つまり、教育については、その教育サービスを受けることができた人達だけでなく、その人達を中心に社会全体に良い影響を及ぼす可能性が高いため、税によって負担されるべきとされているんですね。他にも、公正な社会を実現するためという点も重要です。人々が資産などに関係なく、平等に教育を受けられることによって「公正さ」をめざすことが出来るわけです。

展開35分 ••

先生：　それでは次に、税についてさらに深く考えていくためにゲームをしてみましょう。今から全員に１万円が配られるとしましょう。その上で、公共財として、このクラス専用のお掃除ロボットを購入するかどうかをそれぞれの班の中で決めていきたいと思います。ルールは次の通りです。

ゲームのルール

・４人か５人の班を作ります。

・各人には１万円が与えられているとします。

・班の中で、公共財として教室のお掃除ロボットを購入するかどうかを決めます。

・お掃除ロボットの価格は３万3000円です。

・各人は1000円単位で、資金を自分のために残しておくか、お掃除ロボット購入のために投資するかを選択することができます。もしも、お掃除ロボットが購入できた場合には、班の全員に３万3000円の利益が及んだとみなします。

102

・お掃除ロボットを買えなかった場合の資金の合計額や、３万3000円以上投資され
　て余った額は、人数分で割って返却されます。（四捨五入）
・ゲームは６ラウンドあります。一つのラウンド終了ごとに、
　（自分のために残した額）＋（お掃除ロボットによる利益）＋（均等割りの返却額）を
　計算してください。
・１ラウンドが終了したら、再び全員が１万円持っていると見なします。もう一度、
　お掃除ロボットの購入のために、１万円のうちからいくら資金を出すか選択でき
　ます。
・誰がいくらの資金を出したか、自分がいくらの資金を出したかは秘密にしなけれ
　ばなりません。
・合図で全員同時に資金が見えないように出してください。
・６ラウンド行い、それぞれのラウンドの合計額を計算してください。クラス全体
　の中で、自分自身の資金の合計額が多かった人が勝者です。

（例）　A君、Bさん、Cさん、D君が１万円ずつ、Eさんが3000円を投資した場合

プレイヤー	自分のために残した額	全体のために投資する額
A君	0円	1万円
Bさん	0円	1万円
Cさん	0円	1万円
D君	0円	1万円
Eさん	7000円	3000円
		合計４万3000円

この場合、全員の投資額の合計は４万3000円なのでお掃除ロボットが１台買える。
よって、全員に３万3000円の利益が及んだと見なす。また、余った１万円は均等割
りなので、10000÷5＝2000円を全員に返却される。（自分のために残した額）＋（お
掃除ロボットによる利益）＋（均等割りの返却額）の式に当てはめると、それぞれの
このラウンドの結果は、A君～D君は０円＋３万3000円＋2000円＝３万5000円とな
る。一方、Eさんは7000円を自分のために残したため、7000円＋３万3000円＋2000
円＝４万2000円となる。

先生：　では、ゲームをはじめます。みなさん、きちんと机をくっつけましたか？　机
　　　　の隙間は心の隙間ですよ。班の中で一番計算の得意な人をリーダーとします。
　　　　今から第１ラウンドを行います。それぞれ、全体のために投資する額を決めて
　　　　ください。私が「せーの‼」と掛け声をかけたら、くっつけた机の中央に投資

みんなのおかげでフリーライダー―103

する資金の紙を裏返して出してください。

[生徒1] 班の中で話し合っても良いですか？[3]

先生： もちろん話し合っていいですよ。では、皆さん投資する資金を決めましたか？
そろそろ合図を出しますね。せーの‼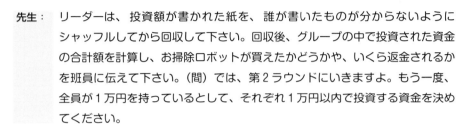

（全体でガヤガヤ）

先生： リーダーは、投資額が書かれた紙を、誰が書いたものが分からないようにシャッフルしてから回収して下さい。回収後、グループの中で投資された資金の合計額を計算し、お掃除ロボットが買えたかどうかや、いくら返金されるかを班員に伝えて下さい。（間）では、第2ラウンドにいきますよ。もう一度、全員が1万円を持っているとして、それぞれ1万円以内で投資する資金を決めてください。

（…第6ラウンドまで繰り返す。）

先生： ゲームを終了します。みなさんどうでしたか？　お掃除ロボットを何回買えたか各班に聞きたいと思います。

[生徒1] 私たちの班は1回しか買えませんでした。

[生徒2] 私たちの班は5回買うことができました。

先生： 班によって、差が出ますね。おそらく5回もお掃除ロボットを買うことができた班のメンバーが一番資金を多く獲得できたでしょう。班の中で、誰が一番資金をたくさん獲得できたかは、まぁおいておくとして[4]、このゲームについて何人かに感想を聞きたいと思います。

[生徒1] 私達の班は、資金を増やすためには、全員で協力した方が得になると話し合いました。それで全員で1万円を出し続けるという作戦に出ました。ただし、最終回の6回目については、自分の資金を減らすことなく、お掃除ロボット購入による利益に与りたいと考えた人がたくさんいたので、結局お掃除ロボットが買えませんでした。

[生徒2] 僕たちの班は、第一ラウンドで皆があまり資金を出さず、お掃除ロボットが買えませんでした。そのため、「お掃除ロボットを買わないと結局全員が損をする」

と話し合い、もう少し資金を出すように呼びかけました。しかし、それでも途中から自分だけは資金を出さないでおこうと考える人が続出して、結局全員が損をするという結果となりました。

先生： 全員で協力した方が良いにも関わらず、自分自身の利益を優先する人が多く、うまくいかなかった班が多いですね。実は、そのような状況を「囚人のジレンマ」といいます。このゲームは、皆さんに囚人のジレンマの状況を味わってもらおうと思い、「公共財供給実験」というものを参考に作ったものです。ゲーム中に、周りに頼って自分だけ得をしたいという誘惑に少しでも駆られた人は、手を挙げてください。

（多くの生徒手を挙げる。）

先生： ゲームのルール上、そのように考えるのは当然ですよね。みなさんのような人のことを「フリーライダー」といいます。「フリーライダー」とは言葉の通り「タダ乗りをする人」という意味です。でも、みなさんが悪いという訳ではないんですよ。自分の利益を最大化しようと思ったら、そのような行動をとることはよくあります。ただし、そんな「フリーライダー」ばかりだと、このゲームのように自分も含めて全体が損をしてしまうんですよね。では、みなさんの日常生活で「フリーライダー」を見かけるような出来事はありますか？

生徒1： みんなで協力して全体で利益を出そうとしている時に、自分だけは協力せずに良い思いをするような人のことですよね。たとえば、教室でみんながそうじをしている時に、自分だけそうじをしない人は「フリーライダー」といえるのでは。

生徒2： 授業のグループ活動に全く協力的でないのに、周りが頑張ったために、自分も良い成績を得る人も「フリーライダー」ですね。

先生： 学校生活にもたくさんのフリーライダーがいますね。でも、もしも全員がそうじをしなくなったり、授業のグループ活動に協力しなくなってしまった場合には、授業がうまく進まなくなり、場合によっては崩壊します。そうなると、結局はみんなも有意義な学校生活を送れなくなってしまいますよね。同様に、国家のレベ

PP2
（資料提供　石川県租税教育推進協議会）

みんなのおかげでフリーライダー——105

ルで全員がフリーライダーになった場合のイラストを持ってきたので、見てください ▶PP2 。このような状況を防ぐにはどうしたらいいでしょうか？

生徒① みんなに強制的に資金を出してもらう必要がありますね。つまり税ですね。

まとめ8分 ・・・・・・・・・・・・・・・・・・・・・・・・・・・・・・・・・・・

先生： 教室のそうじなどであれば、教師がルールを決めてしまえば終わりです。では、みんなに対して「税を出しなさい」という社会のルールは誰が決めるのですかね？

生徒① 中学の時に習いました。国民が代表者を選んで国会などでそのようなルールを作ります。

先生： そうですね。国レベルでは、国民が国会議員を選挙で選び、その人達が誰に、どのように税を負担してもらうか、税によって何を買うかを法律にしたり予算を組んだりします。国民はその法律や予算にもとづいて税を負担します。このような仕組みを租税法律主義といいます。税は、自分も含めて社会全体に還元されます。一方、誰もきちんと納めなくなってしまうと社会全体にとって不利益となります。そういった意味から、「税を納めなければならない」ことに通じるのです。

生徒① 「納税は国民の義務である」とは、そういう意味なんですね。

生徒② でも、そうは言っても、やはり自分の収入の一部を納めるのは辛いことだと思います。無駄なところに自分たちのお金が使われるとしたら納得がいかないですしね。

先生： だからこそ、私たちは税制度や税の使い道をきちんとチェックする必要があります。私たちは、税を納めているからこそ、選挙などよって、税の使い道や負担のあり方を評価し、場合によってはそれらを変更させたりすることができるんですね。

生徒① 税制度を評価するって難しそうですね。

生徒② でも、自分たちのお金を勝手に使われないためには必要なことですよね。

先生： では、次回は税制度を評価してみましょう。

〈 第2時 〉

導入5分

先生： 本日は、どのような税制度が望ましいかについて考えていきましょう。早速ですが、一つ問題です。

> **問1** 次のうち、国民からの税金で全額負担されているものを全て選んでください。
> ①小中学校の授業料　　　②救急車のガソリン代
> ③高速道路の建設費　　　④コンビニのおにぎり

生徒1　これは簡単ですね。答えは、①と②だと思います。

生徒2　③の高速道路は、使用する場合には有料だけど、建設費用については、税金によって一部負担されているんじゃないかな？

先生： 二人とも正解です。答えは①と②です。①「小中学校の授業料」については、君たちも知っているように、日本国憲法で「義務教育は無償とする」と規定されています。全額国民による税負担で小中学校の児童・生徒は学校で勉強できるんですね。これは、費用負担者（全国民）と直接利益を得る人（児童・生徒）が異なるということです。なぜ、国民全体で費用負担するかというと、ほぼ全ての人が最低限の読み書きができるという状況は、国民生活全体に良い影響を及ぼしますね。そのため、義務教育は税によって国民全体で負担することになっています。また、②「救急車のガソリン代」についても、同じような理由で、利用者ではなく、国民全体に負担を求めるんでしょうね。ただし、救急車の利用を有料とするといった議論もあることは知っておいて下さい。③については、一部は税負担で、一部は高速道路利用者の利用料によって負担されています。これらを、それぞれ図で表すと次のようになりますね。

みんなのおかげでフリーライダー―107

展開40分 •

先生：　では、高速道路に関連して、一つ質問です。

> **質問**　高速道路の利用料をどうするのが一番良いと思うか決めてください。
>
> ①利用料を値上げすることで、税負担をなくす。
> ②利用料を０円とし、全額税負担とする。
> ③現状維持とする。

先生：　ここでは多数決をとってからそれぞれ意見を言ってもらいましょう。

　　　　①だと考えた人　●人　　　②だと考えた人　▲人　　　③だと考えた人　▽人

[生徒1] 僕は、高速道路の利用者のみに対してもっとたくさんの利用料をとって、高速道路を利用しない人からは、高速道路建設のための税をとるべきでないと思います。実は、僕の家族は、ほとんど高速道路を利用しないんです。僕ら家族に対して、高速道路建設の費用負担を求めるのはやめて欲しいです。

[生徒2] 私はまったく逆の考え方です。高速道路の利用料が無料になったら、レジャーなんかで高速を使用する人が増えて、景気がよくって国民全体に利益をもたらすと思います。それに、この前テレビでやってたけど、海外では、高速道路の利用料が無料の国が多いそうですよ。

先生：　２人とも意見を言ってくれてありがとう。根拠をもって意見を言うことは大事なことですね。では、私から２つほど質問があります。１つ目ですが、私たちが普段購入している商品の多くは、高速道路を使ってトラックで運ばれてくるんですよね。もしも、高速道路の利用料が値上がりしたら、それらの商品の価格はどうなりますかね？

[生徒1] きっと、値上がりしますね…。

先生：　もう一つ、逆に高速道路の通行が無料になった場合には、混雑具合はどうなりそうかな？

[生徒2] 混雑するでしょうね…。

先生：　もちろん現状維持が正しいわけではないけれど、社会で起こっている多くのことは、「あちらを立てれば、こちらが立たず」という状況にあるんでしょうね。

108

これをトレード・オフといいます。

では次に各班で、税制度について考えてもらおうと思います。テーマは、以下の4つとします。

テーマ
　①救急車の使用を有料とするべきか。
　②図書館の本の貸し出しを有料とするべきか。
　③社会保障制度の充実のために消費税率を引き上げるべきか。
　④高校の教科書無償化のために住民税を引き上げるべきか。

先生： 各テーマについて二班ずつ募集します。やりたいテーマが集中した場合にはじゃんけんとします。各班で話し合ってワークシート（右図）への記入をして下さい。

先生： 時間になりましたので、各班からの発表を聞きましょう。では、1班から発表してもらいましょう。1班の代表の人は、図書館の本の貸し出しの有料化のメリットやその発生過程などを教えてください。

1班の発表

(生徒1) 私たちの班は図書館の本の貸し出しの有料化について話し合いました。私たちは、図書館の本の貸し出しを有料化して、これまで図書館のために賄われていた税金の徴収をやめるべきだと考えました。図書館の本の貸し出しを有料化することによる一つ目のメリットとして、本当にその本を借りたい人が効率よく本を借りることが可能になるという点が挙げられます。なぜなら、料金を徴収することによって、読む気もないけれども、とりあえず本を借りておこうという人を排除できるからです。そうすると、図書館の利便性も高まり、より多くの人が図書館を利用できるようになるはずです。より多くの人が効率的に図書館を使うことができれば、日本全体の知的水準の向上にもつながります。

先生： なるほど、貸し出しを有料化してしまえば、不必要に本を借りる人は減るでしょうね。でも、それって図書館が街中の本屋さんと同じ役割を果たしている

みんなのおかげでフリーライダー—109

だけのような気もしますね。「図書館固有の役割とは何か？」というところも掘り下げてもらえたらと思います。2つ目のメリットは何ですか？

生徒1　2つ目のメリットとして、これまで以上に、本の作家のやる気が上がることが上げられます。なぜなら、図書館での無料貸し出しがなくなることによって、本屋で本を購入する人も増えます。すると、本の作者に対して支払われる著作権料が増えます。そうすると、さらに良い本を書こうとする人も増えていき、日本の文化水準の向上に結びつくようになります。

先生：　この点についても、「じゃあ、世の中に図書館なんかそもそもいらない」という議論で終わってしまいそうな気もしますね。次に2班にはデメリットについて発表してもらいましょう。

2班の発表

生徒2　デメリットの一つ目として、貧しい人が本を借りることができなくなる点が挙げられます。お金持ちだけがたくさんの情報を得ることができ、貧しい人が図書館のサービスから排除されるのでは、そもそも公正さに欠けます。そのような格差は、学歴の格差や所得の格差へとつながります。公正さに欠ける社会は、長い目で見れば結果的に国家の断絶へつながることも予想されます。

先生：　確かに、貧しい人ばかりが情報を得られないのはよくないですね。でも、図書館自体は利用できるんですよね。そうなると、図書館の貸し出し有料化がなぜ、国家の断絶にまで行き着くのか、もう少し説明がいるかもしれませんね。二つ目のデメリットを教えてください。

生徒2　二つ目に、人々が多様な意見や考え方に触れる機会が減ってしまいます。図書館が有料となることで、人々は限定された自分が好む情報ばかりを収集してしまいがちになります。すると、自分とは異なる意見などの書かれた本を借りて読んでみようとまでする人が減ります。このことは、多様な意見を互いに熟議しあう民主主義社会の崩壊につながります。

先生：　多様な意見に触れるという面でも、図書館は重要な役割を果たしているのは間違いないでしょうね。1班と2班ともに、よく考えて発表をしてくれていると思います。ただし、より説得力のある発表としたければ、信頼の置ける所からのデータをもっと引用する必要が

110

あります。では、高校の教科書の無償化のために住民税を引き上げるべきかについて3班にメリットを発表してもらいましょう。

3班の発表

[生徒3] 1つ目のメリットとして、高校の教科書無償化によって貧しい家庭の人でも、これまで以上に高校に進学しやすくなるという点が挙げられます。そもそも高校への進学には、たくさんのお金がかかります。授業料だけでなく、入学金、制服代、修学旅行費など様々です。高校の教科書代を皆で税負担とすることは、貧しい家庭の人々にとって大変助かることだと思います。資産や所得に関係なく教育を受けられる公正な社会を実現することはとても重要なことです。

先生： 確かに、貧しい家庭の人でも高校へ進学しやすくなるでしょうね。では、日本の場合、高校への進学率ってどれくらいなんでしょうね。調べましたか？

[生徒3] 調べていません。

先生： 文部科学省の資料によると約97％です。2つ目のメリットを教えてください。

[生徒3] 2つ目のメリットとしては、日本の少子高齢化に歯止めがかかるという点が挙げられます。厚生労働省の資料によると「理想の子ども数を持たない理由」として経済的な理由を挙げている人の割合が最も高いです。特に、妻の年齢が30歳未満の人達の場合には、その割合が70％を超えています。つまり、教育にかかわる負担を減らすことは日本の少子高齢化の歯止めとなります。少子高齢化を止めることができれば、現在の社会保障の問題なども解消へと向かうはずです。

先生： 2つ目のメリットについては、資料を引用していて良かったですね。次に、4班にデメリットを発表してもらいましょう。

4班の発表

[生徒4] 高校の教科書無償化の一つ目のデメリットとしては、そもそも子どもを持たない人達にまで、これまで以上に税による負担を強いてしまうことが挙げられます。財務省のHPを調べてみたところ、日本の国民所得に占める税負担の割合は近年上昇傾向を続けています。多くの人達が、社会全体のためということで、自分自身にはほとんど恩恵をもたらさない道路や、教育などのために増税を強いられているのです。社会全体のためとはいえ、ほとんどメリットのない人達に対してこれ以上税負担を強いるべきではないです。

みんなのおかげでフリーライダー——111

ワークシート記入例

（　　　）班
①中心に自分たちの論題を記入
②それぞれでアイディアを出し合って、メリットとデメリットの両方を記入

なぜそれは深刻・重大なのか？	なぜそれは深刻・重大なのか？
図書館の利便性も高まり、より多くの人が図書館を利用できるようになるはずです。より多くの人が効率的に図書館を使うことができれば、日本全体の知的水準の向上にもつながります。	さらに良い本を書こうとする人も増えていき、日本の文化水準の向上に結びつくようになります。

なぜそれが発生するのか？	なぜそれが発生するのか？
料金を徴収することによって、読む気もないけれども、とりあえず本を借りておこうという人を排除できるからです。	図書館での無料貸し出しがなくなることによって、本屋で本を購入する人も増えます。すると、本の作者に対して支払われる著作権料が増えるからです。

メリット1	メリット2
本当にその本を借りたい人が効率よく本を借りることが可能になるという点が挙げられます。	これまで以上に、本の作家のやる気が上がります

テーマ

図書館の本の貸し出しの有料化

デメリット1	デメリット2
貧しい人が本を借りることができることができなくなります。	人々が多様な意見や考え方に触れる機会が減ってしまいます。

なぜそれが発生するのか？	なぜそれが発生するのか？
貧しい人達にとっては、図書館で本を借りるよりも、生活必需品や食事代にお金を使うことが優先されるから	図書館が有料となることで、人々は限定された自分が好む情報ばかりを収集してしまいがちになるからです。

なぜそれは深刻・重大なのか？	なぜそれは深刻・重大なのか？
学歴の格差や所得の格差へとつながります。公正さに欠ける社会は、長い目で見れば結果的に国家の断絶へつながることも予想されます。	自分とは異なる意見などの書かれた本を借りて読んでみようとまでする人が減ります。このことは、多様な意見を互いに熟議しあう民主主義社会の崩壊につながります。

先生： では、外国と比べた場合には、日本の税負担の割合は高いのでしょうか？

（生徒4）もう少し調べておきます。

先生： では、2つ目のデメリットを教えてください。

（生徒4）2つ目のデメリットとして、本当に教育を受けたいという気持ちがない人達が

不本意ながら進学という道を選ぶように、社会が強いることにつながる点が挙げられます。一般的に中卒よりも高卒、高卒よりも大卒の人の方が生涯で得る収入が高い傾向にあります。また、学歴の高い人ほど職業選択の幅も広がります。しかし、そもそも個人の能力は学校だけで養えるものではなく、学歴によって人を判断すること自体に本当は問題があるのです。人は自由であるべきで、進学したくない人の幸福追求権を尊重するべきです。高校の教科書無償化のために増税することは、人々に負担を強いるだけでなく、社会が個人の生き方や考え方に介入する点でも問題があります。

先生： なるほど。日本だけでなく外国ではどのような教育制度を採用しているかなども調べてみるとさらに説得力のある発表ができるかもしれませんね。

まとめ5分 ･････････････････････････････

先生： 全ての班に発表をしてもらいましたね。皆さんも議論の過程で分かってきたと思いますが、基本的に世の中にベストの政策は存在しません。限られた条件の中でより良い政策を自分たちで考え、判断し、意見を表明していくことが大切なのです。

注釈

[1] これら二つの性質について、前者は「非競合性」、後者は「非排除性」といいます。二つの性質を両方とも満たすものを「純粋公共財」、「非競合性」のみ満たすものを「クラブ財」、「非排除性」のみを満たすものを「コモンズ」といいます。

[2] 公共財であれば必ず政府によって提供されるわけではありません。たとえば、NHK以外の地上派のテレビ放送は公共財ですが、民間企業によって供給されています。

[3] 話し合いを可とするメリットは、協力しあう関係を一度築きつつも、結局はフリーライダーが出てしまうことを生徒が認識しやすい点にあります。話し合いを不可とした場合のメリットは、ゲーム理論における「囚人のジレンマ」の状況をより把握しやすいことが挙げられます。話し合いを可とする班と話し合いを不可とする班を設定し、結果の違いを考えさせるという活動も考えられます。

[4] 公共財供給実験は匿名が原則です。このゲームで一番資金を増やせた生徒というのは、フリーライダーとしての振舞いがうまいということを意味します。クラスの人間関係などにも配慮し、優勝者については触れず、班ごとの差について考察させるようにします。

（大塚雅之）

8 死刑廃止法案を審議しよう
模擬議会

| 法分野 | 広義 |

授業難度：発展
授業科目：現代社会
時　間　数：2時間

授業のコンセプト

1. 授業のねらい
①議会における法案成立までの審議過程を体験することを通じて、政治参加と議会制民主主義に対する理解を深める。
②自分の意見には根拠が必要であることを理解するとともに、異なる立場の意見がどのような根拠に基づいて主張されているかを考察する。
③現実の社会においては、様々な立場やいろいろな考え方があることについて理解し、それらの争点を知った上で現実社会の諸課題について公正に判断する。

2. 教材について
①「模擬選挙」の"その先"、つまり間接民主制の根幹を成す議会における法案成立までの審議過程について体験を通して学べる教材です。
②2単位科目である次期指導要領の新科目「公共」の中でも実践できるよう2時間で構成しています。
③本教材は、各教科・科目で学習して習得してきた知識を活用する"場"としても設定できます。なお、本事例では「死刑廃止法案」を議案として取り上げました。

授業 LIVE

〈 第1時 〉

導入5分

先生： みなさん、こんにちは。この間の授業で模擬投票を行った感想はどうでしたか？

生徒1 意外と簡単に投票ができました。

先生： では、選挙を終えたみなさんが次に行うべきことはなんでしょう？

生徒2 次の選挙に向けて、選挙で選んだ議員がどのような活動を行っているか監視することでしょうか。

先生： そうですね。私たちが住む日本は、国民の選挙で選ばれた代表者が議会で政治を行う間接民主制の国です。だから、選挙で国民の代表者を選ぶと同時に、議会でどのような議論がされ、どのような活動を行っているのかをしっかり注目しておく責任があります。選挙は1回かぎりのものではなく、やり直しがきくシステムです。議会での活動を監視することで、次の選挙の際にその評価をすることも可能となります。ところで、みなさんは、選挙で選ばれた代表者である議員が議会でどのような活動を行っているか知っていますか？

生徒3 議会で、法律をつくったり、予算を決めたりしているのですよね。

先生： そうですね。では、法律はどのような過程で作られているのでしょう？

生徒4 うーん。テレビで見る国会の様子は一場面だから実はよく分からないです。

先生： 教科書にはどのように書かれていますか？

生徒5 「最終意思決定は本会議で行われるが、実質的な審議は委員会で行われる」と書いてあります。

先生： その通りですね。日本の議会では、委員会制度を採用しており、実質的な審議は委員会で行われています。そして、委員会で審議された結果が本会議に報告され議決されるのです ▶PP1 。

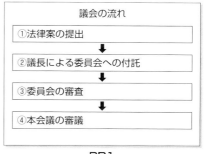

PP1

死刑廃止法案を審議しよう―115

生徒1: まだイメージが湧きません。

先生: 今回の授業では、模擬投票の"その先"である模擬議会に取り組みます。模擬議会を通して、法律が作られるまでの過程を学習してみましょう。

展開①20分

先生: 今回の模擬議会で、扱う議題は「死刑廃止法案」という架空の議案です。死刑については、以前の憲法の学習の際に、自由権に関連して学習しましたね。

生徒2: 確か憲法36条には「公務員による拷問及び残虐な刑罰は、絶対にこれを禁ずる」と記してありますが、最高裁判所の判例では、死刑は残虐刑に該当しないとしているのでしたよね。

先生: よく覚えていましたね。2009年に始まった裁判員制度では、地方裁判所で行われる重大な刑事裁判に裁判員として参加し、被告人が有罪かどうか、有罪の場合どのような刑にするのかを一般の国民が裁判官と一緒に決めます。つまり、場合によっては、みなさんが被告人を死刑にするか否かという究極の量刑判断を行うこともあるのです。実際に、裁判員裁判で決定した死刑が執行されたケースもあります。

生徒3: えー！　私たちも死刑判決を下す場合もあるなんて知らなかったです。

生徒4: 私も自分とは関わりがないと思っていたので、少し怖くなりました。

先生: 皆さんの言う通り、実は、死刑制度に関する国民的議論は高まっていないと指摘する専門家もいます。しかし、日本の刑事司法制度の根幹に関わる死刑制度の是非については、主権者として向き合う必要のある大切な問題です。模擬議会を通して、死刑制度について考えるよい機会にしましょう。

生徒5: 先生、死刑ってどのような制度なのでしょうか。

先生: そもそも刑罰は、刑法によって定められており、刑法9条には、死刑、懲役、禁固、罰金、拘留、科料が刑罰として定められています。そのうち、死刑は、刑事施設内において、絞首して執行すると刑法11条に定められています。死刑は刑罰の中でも、生命を奪う最も重い究極の刑罰、極刑です。そして、刑罰に死刑を含む犯罪は、殺人罪や強盗致死罪をはじめ19種類あります。

生徒2 死刑は生命を奪うという点で、他の刑罰とは決定的に異なるのですね。裁判では、死刑を適用するか否かの判断はどのように行っているのですか。

先生： 死刑を適用する際の基準としては、永山基準があります。「その罪責が誠に重大であって、罪刑の均衡の見地からも一般予防の見地からも極刑がこうした要素を総合的に判断して、やむをえないと認められる場合には、死刑の選択が許される」としているのです。

生徒3 「罪刑の均衡の見地や一般予防の見地」とはどのようなことですか？

先生： いわば刑罰が正当化される視点のことです。そもそもみなさんはなぜ刑罰が存在すると思いますか？

生徒2 犯した罪に対する当然の報いだと思います。

生徒4 他の人が犯罪をしないようにするためじゃないですか。

生徒5 罪を犯した者に反省をさせて再び犯罪をしないようにするためでしょうか。

先生： どの側面もありますね。まず、「応報刑論」といって、刑罰は、犯罪行為という害悪に対する応報として罪を犯した者にも害悪を与えるためのものだとする考え方があります。一方、「目的刑論」といって、刑罰は、犯罪を抑制する目的で設置される性格を持つとする考え方もあります。この「目的刑論」は、一般の国民の犯罪を予防する「一般予防論」と、罪を犯した者が再び犯罪を行わないようにする「特別予防論」に分けることができます。これらの視点は、死刑制度の是非を議論する際にも、ぜひ考慮して欲しいと思います。

生徒1 刑罰にも色々な考え方がありますね。

先生： それでは、基本的な知識を確認したところで、死刑制度を廃止することについて賛成・反対の両方の立場から理由を考えてみましょう。また、両方の立場の理由を整理することができたら、現段階ではどちらの立場を支持するかも考えてください。

死刑廃止法案を審議しよう—117

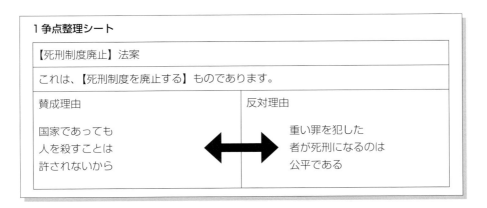

先生： ここでクラス世論調査をします。死刑廃止に対してどちらの立場を支持するか、賛成・反対のどちらかに手を挙げてください。

死刑廃止に賛成の人 ………………………… 8人
死刑廃止に反対の人 ………………………… 32人

なるほど。死刑廃止に反対の人が圧倒的多数を占めていますね。それでは、何人かの意見を聞いてみましょう。意見を話す時は、ロジカルシンキングの型を意識してくださいね ▶PP2 。では、まず反対の人の意見を教えてください。

> ロジカルシンキングの型
> ①私は〜だと思う。
> ②なぜならば〜だからである。
> ③よって、私は〜だと思う。
>
> PP2

[生徒1] 私は死刑廃止に反対です。なぜならば、さきほどの「応報刑論」が示すように人を殺すなどの重い罪を犯した者が、死刑になるのは、公平性からいって当然だからです。

[生徒2] 私も死刑廃止に反対です。なぜならば、被害者や遺族の心情を考えれば、死刑制度はあって然るべきだと考えるからです。

先生： 賛成の意見も聞いてみましょう。

[生徒3] 私は死刑廃止に賛成です。なぜならば、誤判・冤罪によって無実の人が死刑になる可能性もあるからです。

[生徒4] 私も死刑廃止に賛成です。なぜならば、国家であっても人を殺すことは許されないと考えるからです。

先生： ありがとうございました。どちらの立場の意見も、しっかりとした理由に基づいて主張されていましたね。

展開②20分 •

先生： では、「死刑廃止法案」を議題として、さっそく模擬議会を進めていきましょう。この議案は議員立法の法案で、死刑制度を廃止するということが目的です。

先生： まず、自分が所属する政党を決めるために、「政党分け」を行います。40人クラスなので、与党25人、野党15人で分かれてもらいます。

[生徒1] 与党と野党ってどのような意味でしたっけ？

先生： 与党とは、議会の多数派で、内閣を組織して政権を担当する政党のことです。一方、野党は、政権を担当しておらず、与党の政策に対して批判や監視を行う政党のことです。

[生徒1] そうでした。

先生： そして、今回の模擬議会では、「死刑廃止法案」について、与党は賛成の立場から、野党は反対の立場から審議します。

[生徒2] えー！　私は与党ということは、模擬議会の中では死刑廃止には賛成しなければいけないのですか？　個人的には死刑廃止に反対なのですが……。

先生： あくまでも模擬議会における役割だと考えてください。それに、自分とは反対の立場から考えてみることは、物事を違った視点から考える良い機会にもなります。

[生徒2] わかりました。

先生： では次に、自分が所属する委員会を決めるために、「委員会分け」を行います。40人クラスなので、8人ずつ5つの委員会に分けます。そうすると、1つの委員会には、与党5人、野党3人が所属しているはずです。では委員会に分かれてみましょう。

[生徒1] 先生、移動できました。

先生： はい。それでは、争点共有シートを活用して、与党であれば賛成の立場から、野党であれば反対の立場から、委員会の中の同じ政党の人と協力して、それぞ

死刑廃止法案を審議しよう―119

れの立場の主張を支える理由を 3 点に絞りましょう。

---

2 争点共有シート

【　死刑廃止　】法案につきまして、（　与党　・　野党　）を代表して、
（　賛成　・　反対　）の立場から討論を行います。以下、（　賛成　・　反対　）の
理由を三点申し上げます。

■第一に、
誤判・冤罪によって無実の人が死刑になる可能性がある　　　　　からであります。

《関連する事実報告やデータ、専門家の意見》
これまで日本には死刑が確定した後、再審によって無罪となった冤罪事件が 4 例あり
ます

■第二に、
死刑の廃止は国際的な潮流だ　　　　　　　　　　　　　　　　からであります。

《関連する事実報告やデータ、専門家の意見》
1989 年に国連で死刑廃止条約が採択されて以降、死刑を廃止または事実上行っていな
い国は増加傾向にあり、現在では約 7 割の国々が事実上死刑を廃止しています

■第三に、
「一般予防論」が示すような、死刑の犯罪抑止力は証明されてない からであります。

《関連する事実報告やデータ、専門家の意見》
アメリカ合衆国では死刑廃止州より存置州の方が殺人事件の発生率が高いというデー
タがあります。また、日本では死刑になりたいという動機で無差別殺人を起こしたと
される事件もあります。

先生：　また、野党は与党に対して、委員会採決の際になぜ「死刑廃止法案」を成立さ
　　　　せるのかについて質疑を行います。質問内容を考えて、与党に事前通告してく
　　　　ださい。

生徒3　何について質疑をしようか。

生徒4　死刑は、確か世論はかなり支持しているという現実があったはずだけど、この
　　　　ことについて与党はどう考えているのかな。

生徒5 では、国民世論の観点について質疑をしてみよう。ただ、私たちもしっかりと
どのくらいの国民が支持しているのか世論調査の結果を調べないとね。

まとめ5分 ・・・・・・・・・・・・・・・・・・・・・・・・・・・・・・・

先生： 次回の授業では、模擬議会を行っていきます。先ほど3点に絞った理由をより
説得力あるものにするために、関連する事実報告やデータ、専門家の意見を探
して整理してくることを宿題とします。与党は、野党の質疑に対する応答も
しっかり用意しておいてくださいね。

生徒 分かりました。頑張るぞ。

〈 第2時 〉

導入10分 ・・・・・・・・・・・・・・・・・・・・・・・・・・・・・・

先生： みなさん、こんにちは。いよいよ模擬議会を開催します。宿題は出来ています
か？

生徒1 もちろんです。早くやりたいです。

先生： 模擬議会を行う前に、ルールの確認をしておきましょう。今回の模擬議会では、
委員会では党議拘束をかけますが、本会議の採決に際して党議拘束を外して行
います。

生徒3 えっ、党議拘束とは何ですか？

先生： 党議拘束とは、議会での採決に際し、所属政党の決議に従って投票するように
議員を束縛する原則のことです。重要案件でこれに反した行動をとると制裁を
受ける場合もあるなど、日本では党議拘束が強いと言われています。ただし、
議員個人の思想・信条にかかわるような議案については党議拘束を外す場合も
あります。例えば、脳死を一律に「人の死」とするかどうか、子供の臓器移植
に道を開くか否かが焦点となった2009年の臓器移植法改正の際には、死生観に
関わるとして多くの政党が党議拘束を外しました。今回の模擬議会では、委員
会採決においては党議拘束に従ってもらいます。しかし、本会議採決において
は、党議拘束を外して自分の意見で採決に望んでもらいます。議論をしっかり
と聞いて、根拠に基づいて採決に臨むようにしてください。

生徒1 分かりました。

死刑廃止法案を審議しよう─121

先生： それでは、委員会の際の役割分担をしてください。委員長については、与党側から出してください。準備が整い次第、委員会を開始しましょう。

展開①20分

先生： それでは、これより委員会を開催します。教室を委員会の形式にしましょう。委員会は党議拘束がかけられていますので、所属政党の決議に従ってください。なお、委員会採決は挙手方式を採用します ▶PP3。

PP3

《第1委員会での議論》

委員長　ただいまから模擬議会を開会いたします。死刑廃止法案を議題といたします。与党○○君から説明を聴取いたします。与党○○君。

賛成討論者　死刑廃止法案について、その趣旨を説明いたします。これは死刑制度を廃止するものであります。以上であります。何とぞ御賛同を賜りますようお願い申し上げます。

委員長　以上で、説明の聴取は終わりました。これより質疑を行います。野党○○君。

野党質疑者　平成26年度に内閣府が行った世論調査では、「死刑は廃止すべきである」と答えた者の割合が9.7%、「死刑もやむを得ない」と答えた者の割合は80.3%となっています。つまり、圧倒的多数の国民が死刑制度を支持しているということになります。こうした現状があるにも関わらず、死刑制度を廃止することは認められるのでしょうか。この点について、お答えください。

与党応答者　お答えいたします。死刑は基本的人権の問題であり、少数者の保護という観点からすれば、多数派の意見にこだわることは相当ではないといえます。よって、死刑廃止については、世論に迎合するのではなく、政治がリーダーシップをもって国民を死刑廃止に導いていくべきだと考えております。実際にイギリスやフランスでも、死刑を容認する世論が高い中で、政治主導で死刑廃止に舵をきったのです。

委員長　以上で、質疑は終わりました。これより討論に入ります。順次発言を許します。野党○○君。

反対討論者　野党の○○です。ただいま議題となりました死刑廃止法案につきまして、野党を代表して、反対の立場から討論を行います。以下、反対の根拠を三点申し上げます。第一に、民主主義国家である日本において、死刑存続を望む国民の意識が強く反映されなければならないからです。80%を超える国民が死

刑を容認しているということを忘れてはなりません。第二に、死刑は被害者や遺族の無念さを少しでも晴らす面において重要だからです。「応報刑論」が示すように、例えば人を殺した者が、死刑になるのは、公平性から考えて当然でしょう。第三に、「一般予防論」が示すように、死刑には犯罪予防効果があるからであります。以上をもって、私の反対討論とします。

委員長　与党○○君。

賛成討論者　与党の○○です。ただいま議題となりました死刑廃止法案につきまして、与党を代表して、賛成の立場から討論を行います。以下、賛成の根拠を三点申し上げます。第一に、誤判・冤罪によって無実の人が死刑になる可能性があるからであります。例えば、これまで日本には死刑が確定した後、再審によって無罪となった冤罪事件が4例あります。第二に、死刑の廃止は国際的な潮流だからであります。1989年に国連で死刑廃止条約が採択されて以降、死刑を廃止または事実上行っていない国は増加傾向にあり、現在では約7割の国々が事実上死刑を廃止しています。第三に、「特別予防論」が示すように、死刑にすることなく被害者賠償や懺悔の生活を送らせることで、どんな人間であれ更生できる可能性があるからであります。

　　　以上をもって、私の賛成討論とします。

委員長　これにて討論は終局いたしました。これより採決に入ります。死刑廃止法案賛成の方の挙手を願います。賛成多数と認めます。よって、本案は賛成多数をもって原案どおり可決すべきものと決定いたしました。なお、審査報告書の作成につきましては、これを委員長に御一任願いたいと存じますが、御異議ございませんか。

生徒　異議なし。

委員長　御異議ないと認め、さよう決定いたします。本日はこれにて散会いたします。

先生：　お疲れ様でした。委員会の採決はどうでしたか。

[生徒1] 党議拘束がかけられているので、与党側が勝つに決まっていますよ。

先生：　そうでしたね。なぜ党議拘束があると思いますか？

[生徒4] えーっと、議員がそれぞれ自分の意見で採決に臨むと、通るはずの法案も通らなくなってしまう場合があるからでしょうか？

先生：　その通りです。議院内閣制をとる日本の議会においては、与党議員が造反すると内閣が提出する法案が成立しなくなり、政権運営が行き詰まってしまうこと

死刑廃止法案を審議しよう―123

から、党議拘束が強くかけられているのです。

[生徒5] なるほど。実際に体験してみると、議会の仕組がよく分かりますね。

[生徒2] 選挙に行くときも、議会のことまで考えた上で投票したくなりますね。

先生：本会議では党議拘束を外しますので、野党議員の皆さんにもチャンスがあります。

展開②20分

先生：それでは、これより本会議を開催します。本会議では、第1委員会に代表して討論を行ってもらいます。ただし追加で討論をすることもできますので、事前に与党・野党で打ち合わせをしてください。準備が整い次第、委員会を開始しましょう ▶PP4 。

PP4

《野党生徒のやりとり》
生徒1　委員会ではどのような討論をしたの？
生徒2　死刑廃止法案に反対の理由として、国民世論や被害者・遺族の心情、一般人の犯罪予防について挙げて討論したよ。ただ、データが少なかったかな。
生徒3　うちの委員会では、…〈省略〉

先生：教室を本会議の形式にしましょう。本会議では、党議拘束を外しますので、しっかりと議論を聞き、根拠に基づいて採決に臨むようにしてください。なお、本会議採決は起立方式を採用します。

議長　これより模擬議会を開きます。死刑廃止法案を議題といたします。まず委員長の報告を求めます。委員長○○君。
委員長　ただいま議題となりました法律案につきまして、第1委員会における審査の経過と結果を御報告申し上げます。本法律案の内容は、死刑制度を廃止するものであります。委員会におきましては、死刑制度に対する世論調査について質疑が行われましたが、詳細は会議録によってご承知願います。質疑を終局し、討論に入りましたところ、野党より反対する旨の意見が述べられました。討論を終了し、採決の結果、本法律案は多数をもって原案どおり可決すべきものと決定いたしました。以上、ご報告申し上げます。

議長　ただいま委員長報告がありました、死刑廃止法案に対し、討論の通告がござ
　　　います。順次発言を許します。
〈繰り返しになるので省略〉
議長　これにて討論は終局いたしました。これより死刑廃止法案の採決をいたしま
　　　す。本案は、起立により採決いたします。
　　　　本案の賛否につきまして、賛成の諸君の起立を求めます。
　　　　御着席願います。結果を報告いたします。
　　　　投票総数39　賛成20反対19　よって本案は賛成多数をもって可決されました。

先生：　お疲れさまでした。採決の結果、このクラスでは賛成多数で法案成立となりま
　　　した。模擬議会前のクラス世論調査では、死刑廃止に賛成している人はわずか
　　　8名でしたが、与党は大幅に賛同者を増やしましたね。

（生徒1）与党の賛成討論の根拠が具体的で説得されました。

先生：　将来的に支持する立場は変わることもあると思います。これをきっかけに、関
　　　心を持って考え続けることが大切ですね。

まとめ10分　• •

先生：　模擬議会を体験してみてどうでしたか。

（生徒1）議会の流れを体験することで、どのような過程で法律が作られているのか理解
　　　することができました。

（生徒1）私は、はじめは死刑廃止には反対の立場でしたが、自分とは異なる立場の議論
　　　を聞くうちに考えが変わりました。模擬議会の中で、社会の課題には色々な立場
　　　や考え方があることに気づきました。

先生：　選挙の際に主権者として1票を投じた先には、皆さんが体験したような議会に
　　　おける論戦があります。自分が選んだ政党や候補者がどのような議論を行って
　　　いるのかについて日々のニュースや新聞から知ることができます。私たちの政
　　　治への関わりは、投票して終わりではなく、むしろ投票のその先に目を向ける
　　　ことが大切ですね。

（黒崎洋介）

死刑廃止法案を審議しよう─125

9

投票行動　広義

授業難度：発展
授業科目：現社、総合
時 間 数：5時間

地域の願いをかなえよう
模擬請願

授業のコンセプト

1. 授業のねらい

①地域の願い・課題を発見し、調査する場所、要望を出す場を知る。

②地域の願い・課題を、政治に届ける方法を身に付け、地域課題を解決するための
ローカル・シティズンシップを身に付ける。

2. 教材について

①生徒の生活圏から、政策課題を見つけその解決策を実現する過程をシミュレー
ションします。本事例では地方自治体への請願を想定します。

②地方議会や議会事務局にお願いをします。

③春休みや夏休みなどの時期に役所（地方自治体）に出向き、データ収集としてイ
ンタビューします（次頁など参照）。

　・役所へは事前に連絡してアポイントをとること、同じ市の生徒はまとまって聞
きに行かせ、同じ項目をたびたび聞きにいかないように、アンケート項目を分
担して調べること、などの指導をします。

　・大人（保護者を含む）への聞き取りについては、住んでいる街の課題を聞くこ
ととなります。具体的には、交通、ゴミ環境、教育、福祉、街作りを例示する
と答えやすいでしょう。情報収集可能な HP があれば、HP やメールで代替で
してもよいのですが、返答にはかなり時間を要すると思ってください。

④役所の広報や議会だよりを生徒人数分か、生徒グループ毎に準備します。教員が
事前に訪問してもらうとよいでしょう。

⑤議会へは議会事務局にお願いすれば、仲立ちをしていただけます。『私たちの拓
く日本の未来』に掲載されたこの取り組みは、代表的な実践例といえます。

授業 LIVE

〈 第1時 〉

導入10分 ･･････････････････････････････････････

先生： それではこれから模擬請願の授業に入ります。請願とは何か。憲法16条で認められた権利で、市民が直接に、議会や首長に政治的な課題、地域の願いを届けることができる制度です。

生徒1 選挙で、私たちは18歳になれば、議員や首長を選ぶことができるのは知っていますが、そんなことができるのですか

生徒2 外国籍の私も請願はできるのですか？

先生： 何人もできると憲法には書いてあるから、誰でも、どこの地方自治体にでもできます。ただし、正式に地方議会に請願を提出する場合は、議員の紹介が必要な地方自治体もあります。

展開35分 ･･････････････････････････････････････

先生： それでは、休み中に、身近な役所に行って学んだことを、グループ（4〜5人）で分かち合いましょう。
　　　　以下は、調査用紙（例）です。

役場への調査（インタビュー、もしくは資料を役所で探す）

（可能であれば事前にアポイントを取って行った方が実のある調査になるし、スピーディです。同じ市町村の友達は一緒に行って分担して調べましょう。また、最低2名の大人のインタビューをしてください）

3年（　　　　）組　氏名（　　　　　　　）（　　　　　　　）（　　　　　　　）

　　　　　　　　　　　　　　　　調査対象（　　　　　　　　）市町村

| 財政問題（財政課、財務課）2016年3月調査用 |

1　市（町村）債（公債費）の発行残高は、市（町村）民一人当たりいくらになるか？

2　今後の財政収支で一番心配なことは何でしょうか？

3　今年度（前年度予算に比べて）、15%以上削った費用（大幅削減）、15%以上増やした費用（大幅増加）次のどれでしょうか。（○を付けて下さい）
（2016年度予算時の前年度比）

地域の願いをかなえよう—127

議会費　　総務費　　民生費（福祉）　　衛生費（ごみ・医療）

農林水産費　　商工費　　土木費（道路・下水・公園）

消防費　　教育費　　公債費

4　投資的経費の割合は総予算の何パーセントですか？

5　財政力指数はどのくらいですか？（2015年度）

福祉調査

1　介護保険料（65歳以上）は2016年４月からの標準額はいくらか、値上げがあったら、前年度はいくらか（介護保険課）

（可能なら、介護保険（料）のパンフをもらう）

2　子どもの医療費助成は、何歳までか？（こども支援課？）

3　（年少扶養控除のあるものとみなして）保育料（市町村税額14万円未満、３歳児一人っ子）の保育料はいくらか（可能なら、保育（料）のパンフをもらう）

（こども福祉課、保育課）

4　小・中学校それぞれ給食はあるか。あれば、自校式かセンター式か。

（学校教育課）

5　特徴的な（自慢できる）市町村独自の福祉予算があれば教えてください。

（それぞれの福祉関連の課で調べる）

6　その他（　　　　　　　　　　　　　　　）

大人（保護者・市民）３人にインタビュー

街の課題をインタビューして聞いてみる

（例：福祉・街づくり・ゴミ環境・地域の活性化等）

（　　A坂　　）さん　　（⑲・女）年齢（　30代　）＊20代とかで OK

駅がゴミできたない

先生：　調べたことの項目を模造紙に書き出して、自分の町と他の町との比較をしてみましょう。共通点や違う点、どうして共通なのか、どうして違うかなども考えてみてください。

生徒1　私の町では、中学校に給食がありません。他の市町村ではあるのですね。

生徒2　僕の町では、給食センターで給食がつくられているけど、きみの町では、学校

でつくられているんだね。食べるときにあたたかくて良いね。給食に地産地消も進んでいるのかな。

(生徒3) 介護保険料は、私の住んでいる市は高いけど、あなたの市は安いね。

先生： 単純に、高いから大変で、安いから良いと言うわけではなく、福祉施設が十分に整備されているから高いとか、40歳以上の人口が多いから安く抑えられているとか、その要因をさらに、調査すると町の福祉が見えてくるね。

（ここでは机間巡視をしながら、生徒からの質問に答えたり、話し合いの流れを整理したりします）

(生徒4) 私の住んでいる市では、昨年水害があったから土木費に多くの予算を使っているんだって。

(生徒5) うちの市は、今は、学校の建て替えと、人口が増えているから学校の増設もしないといけないので、教育に予算がかなりかかっているみたい。

(生徒6) 市役所のインタビューでわかったのだけど、J市のK地域にバスが走っていないので、お年寄りの病院通いは大変みたい。

(生徒7) 地域のお母さんの話だと、K町は中学生まで医療費はタダだけど、自分の住んでいる町は、子どもの医療費への補助はまったくないんだ。

先生： では、今、出てきた町の実情をポストイットに書き出してグループ分けして下さい。

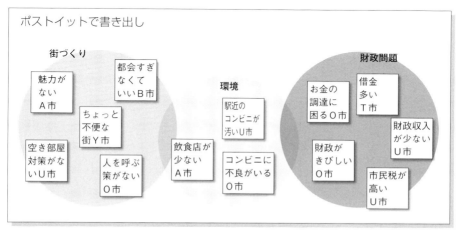

地域の願いをかなえよう—129

まとめ5分 ・・・・・・・・・・・・・・・・・・・・・・・・・・・・・・・・・・・・・

先生: このように、各地域の実情や、課題は違うのですね。その多様性と共通の願い
について、理解を深めてください。

〈 第2時 〉

導入5分 ・・・

先生: それでは、これから模擬請願の2時間目の授業に入ります。今日は、グループ
に分かれて、それぞれの分野ごとに、地域の願いを分析してゆきます。まず、
A交通、Bゴミ環境、C教育、D福祉、E観光(商業振興)に分かれて議論し
ます。本校はU市にあるので、その課題も含めて議論していきましょう。自分
の希望でグループに分かれてください。

展開35分 ・・・・・・・・・・・・・・・・・・・・・・・・・・・・・・・・・・・・・・・

先生: それでは、まず、自分の地域の課題について、市役所の調査やインタビューな
どにもとづいて意見を出し合いましょう。個人的な意見も大事ですが、みんな
の願い(公益性)、困っている人を助けること(福祉)も考えにいれて、みん
なでその課題の解決策を考えていきましょう。模造紙に付箋紙で書いて貼り出
してから、優先順位をつけていくよ。みんなで議論して、まず、課題に対する
願いを1項目探し出しましょう。

A 交通

生徒1 学校へのバス便を増やして欲しいな、いつも満員だし、帰りは30分に一本しか
ないよ。

生徒2 それは、大事な願いだけど、それは市役所にお願いすることかな。個人的な気
もするけど。

生徒3 それより、前の時間でわかった「U市のK地域にバスが走っていないので、お
年寄りの病院通いは大変みたい」ってことは大事じゃない。私の住んでいるK市
は、小さなコミュニティバスを市が走らせていて、お年寄りの交通を支えている
よ。

先生: そのような税金の使い方をするのは大切だよね。交通の観点から福利厚生につ
いて考えれば、お年寄りの交通という願いに優先順位をつけられるんじゃない
かな。病院とK地域とのあいだの交通について、きちんと調べ直して、請願す

るために根拠をもたせていこう。

B　ゴミ環境

(生徒4) M市は、ゴミを地域ステーション（コンテナ）に入れるから、カラスの被害が無くて良いみたい。

(生徒5) でも、自分の家の前に、ゴミ置き場ができるのは反対が多いんじゃないかな？

(生徒6) それは、順番で場所を変えてゆけば、良いのではないだろうか。

先生：　ゴミ環境の問題として、カラスの対策を重視するのか、ゴミ置き場をどこに置くかを考えるのか、この問題については、公益性という観点が大切だね。どのくらいの予算で何ができるのか、具体的に調べて、請願する項目をしぼっていったらどうかな。

C　教育

(生徒7) K市では、小学校の低学年から、英語教育を初めているみたい。

(生徒8) 英語教育も大事だけど、ICT教育もこれからは必要じゃないの？

(生徒9) 予算も限られているから、どちらかに絞るか、順番を決めて教育の予算を増やさないとダメだね。

先生：　そうだね。英語教育とICT教育に順番を決めて予算を考えるのは、いいアイデアだね。それぞれの教育に必要な費用としてどんなものが考えられるのか、整理してみるところからはじめてみたらどうかな。

D　福祉

(生徒10) 保育園の待機児童のお母さんから聞いたけど、4月に入れないと、そのあとは空きが無くて大変なんだって。

(生徒11) 福祉ケースワーカーの待遇（給与や休日）が良くなるとやりたい人も多くなるのでは。

(生徒12) 高齢化の中で、老老介護も問題じゃない。

(生徒10) 福祉の予算をつくるために、何か他の予算を削らないといけないよね。

(生徒11) 介護保険の保険料、保育園の保育料も家庭の負担が限界になっているね。

(生徒10) 介護や保育の人材が不足しているから、待機児童や老人ホームに入れない人も

地域の願いをかなえよう―131

いるよね。

生徒11 施設をつくることも大事だけど、市で、ケースワーカーなどの増員のためにできることを考えようか。

生徒12 ケースワーカーの給料を上げるように補助したり、O市のように、O市に就職してくれたら、家賃の補助をしたり、保育士さんのお子さんは優先的に入園させるなどのしくみは大事だよね。

生徒10 それでは、「介護職や保育職充実のために、給与の一部補助を含めて、待遇を改善」するという提案にまとめてゆきますね。

先生： 施設をつくって対応することよりも、人を増やすために工夫することのほうが市や町で実現しやすいことだろうね。他の自治体の事例などを調べて、根拠をもって請願にまとめていこう。

E　観光（商業振興）

生徒13 U市には、たくさんのアジアの観光客が増えているけど、看板は英語だけだよね。他の中国語やハングルの表記の表示版も必要では。

生徒14 賛成、歴史遺産のお寺もパンフも中国版をつくってもらえるように、市が補助したら良いかも。

生徒15 多くの言葉が街にあふれて、国際的な観光都市U市になってもらいたいな。

先生： いま英語表記だけなので複数の言語の表記を加えていく、ということだね。どうして中国語とハングルを追加するのか、その理由を考えてみよう。請願する際の根拠ともなるよ。それでは、各グループの議論をみんなで共有しましょう。

（各グループ毎に議論の流れを発表させる）

まとめ10分 ・・・・・・・・・・・・・・・・・・・・・・・・・・・・・・・・・

先生： 多くの願いや課題などから、今の話し合いで整理されたと思いますので、請願する項目として、1つにまとめてゆきましょう。

〈 第3時 〉

導入10分

先生： それでは、これから模擬請願の3時間目に授業に入ります。今日は、前の授業でグループに分かれて話し合ってまとめた分野ごとに、地域の要望を請願書という形にしていきます。それでは、まず、各グループ毎に、前時で1つにまとめた地域の要望を、発表してもらいます。

生徒1： **A　交通** の分野です。お年寄りなどのことを考えて、U市のK地域にコミュニティバスを走らせてもらいたい。

生徒2： **B　ゴミ環境** の分野です。地域のゴミステーションにコンテナを設置して欲しい。

生徒3： **C　教育** の分野です。英語教育充実のために、外国人の先生を小学校に配置して欲しいと思います。

生徒4： **D　福祉** の分野です。介護職や保育職の充実のために、給与の一部補助を含めて、待遇を改善して欲しい。

生徒5： **E　観光（商業振興）** の分野です。街の表示板に英語以外の表記として、中国語、ハングルをいれてください。

展開35分

先生： 良くできたね。それぞれ、地域の願いを要望にできました。では、それを、請願書にまとめていきましょう。U市議会のHPから、請願書の書き方を参考にします。さーがんばって。宛先は、U市議会議長の××昭夫さんにしてください。

```
○○○に関する請願・陳情

　　　　請願の趣旨
-------------------------------

　　　　請願理由
-------------------------------


-------------------------------
について請願・陳情します。

　　　平成○○年○○月○○日
　　　U市議会議長 ××昭夫様

提出者　住所　○○市○○町1-1-1
　　　　氏名　○　○　太　郎　㊞
```

地域の願いをかなえよう―133

模擬請願書

請願の趣旨

　U市のK地域にコミュニティバスを走らせて欲しい。

請願理由

　U市は県内でも2番目の大きな都市であり、高齢化の進んだ場所もあれば、若い人の多く住むマンションもあります。私たちは、街でのインタビューで、K地域は高齢化が進み、また、バス等の公共の交通がないことがわかりました。通院にも困るお年寄りもいることは問題です。

模擬請願書

請願の趣旨1　ゴミ回収のコンテナの回収
　　　　　2　カラス除けの用品の設置

請願理由

　U市街の生活ゴミの回収は、適切に行われています。しかし、ゴミが各家庭の前に、何のカバーもなく置かれているので、ときおり、カラス等の動物により、ゴミが荒らされていることを目にします。

模擬請願書

請願の趣旨

　英語教育の充実のために、小学校に外国人の先生を配置してください。

請願理由

　U市の教育は、歴史遺産の教育など歴史と文化の特色のある教育をされておられます。さらに、国際都市として、観光客を増やすために、U市民の語学対応力が求められています。また、海外で活躍できる人材を育てるために請願をします。

模擬請願書

請願の趣旨

　U市の予算で、福祉関係、とりわけケア職の給与改善をして欲しい。

請願理由

　U市の新たな福祉予算を増やすことが、福祉の充実になります。とくに、福祉介護職不足が言われており、その解決が待機児童、老人ホームを待つ家庭への助けになると考えています。

模擬請願書

請願の趣旨
　U市の外国人観光客向けに、英語・中国語・ハングルの3か国語表記の表示板を街角に増やしてください。

請願理由
　最近英語以外の外国語を市内で耳にします。U市を観光地として国際化を進めてゆくために、観光客向けに、U市の観光地の情報をしっかりと、外国人、とりわけ、東アジア（中国・韓国）の人たちに伝えたい。そのことが、隣のK市だけでなく、より多くの外国人に観光で来てもらうことにつながると思います。

まとめ5分

先生：　それでは各グループ、できあがった請願書をみんなに示してください（生徒発表する。拍手が起こる）。では、次回は、市議会にフィールドワークです。各グループとも請願理由を明確にして、この請願を市議会議員が聞いてくれるように、報告準備をお願いします。

　報告準備は、議員との面談においてきちんと説明できるように、それぞれの請願項目ごとに根拠となるデータを準備してください。他市の同様の政策についての実例や財源についてのデータを準備すれば、実施に際しての財政的な資料ともなります。また、当該政策についてのU市の現状をきちんと調べ問題点を示すことで、課題解決に向けた請願である説得力ある説明に仕上げられます。議員のなかには、きちんと請願にもとづいて調べ直してくれる方もいらっしゃるので、生徒の準備も整っていると、より有意義な時間をもつことができます。

　さらに、議員との面談では5分程度で報告できるように、模擬請願書以外に発表原稿をつくるなどして、面談に向けての用意をするのもよいでしょう。リハーサルをグループで実施させておくことも、スムーズに面談を行える準備となります。

地域の願いをかなえよう—135

〈 第4時、第5時 〉

先生： 大変お忙しい中、R高校の生徒のために時間を割いていただき感謝いたします。また、未来の市民の声を聞いていただき市政に反映いただければ、よりありがたく存じます。

議長： 皆さん。よくいらっしゃいました。U市の人口は、××人で、少しずつまだ増えていますが、そろそろ減少に転じます。また、市の財政も他の市と同じ赤字で、どのように、効率的に財政を運営するかが大きな課題になっています。市民の願いを受けて行政サービスを広げることと、財政を効率的に運営することは共に大切です。少ない費用で最大の成果をあげることです。市の財政は、国に比べて少ないので、どのようにして税収をあげるか、ムダを省くかは大きな課題です。本市は、義務的経費（決められた仕事の支出）が多く、投資的経費（道路・施設等への新しい支出）が抑えられていますので、どのように未来へ投資するかを、よく議論しています。

本日はみなさんの請願を受けたいと思いますので、よろしくお願いします。

（事前に議会事務局にお願いし、各テーマグループに、議員さん数名で対応してもらう）

A　交通

生徒1 よろしくお願いします。「U市のK地域にコミュニティバスを走らせてもらいたい」をみんなで考えました。

議員1： この地域を調べましたが、皆さんの指摘のとおりです。どれくらい一日に乗りたい人がいるか調査をしますね。それによって、市にやってもらうか判断します。必要なのはわかるのですが、財政にも余裕がないので。

生徒6 一度、○△議員さんもその地域を歩かれて、地域のお年寄りの声を聞いてください。

B　ゴミ環境

生徒2 「地域のゴミステーションにコンテナを設置」をお願いに来ました。

議員2： 良い提案だと思いますが。2点問題があります。設置場所の近くに住む住民はいやがりませんか。また、一方、設置場所を頻繁に移動するのも難しいと思います。2点目に、コンテナは高いので、カラス除けのネットだけではどうで

しょうか？

生徒7　そうですが、ネットだけでは不十分ではないでしょうか。費用的にむずかしいということですか？

C　教育

生徒3　「英語教育充実のために、外国人の先生を小学校に配置」は難しいでしょうか。

議員3：　外国人講師は、市で10名雇っていて、巡回で小学校に回っています。それでだけでは足りませんか。

生徒8　それでは、いつも放課後に英会話の練習はできませんよね。

議員4：　調べてみたけど、全小学校に常時配置すると、2000万円の費用を追加しないといけないので、何かムダを省かないと無理ですね。議員の給与も今年下げたし、実行するのは無理なのでは。

生徒9　では、巡回のままでも、時間を延長して、放課後も週1回は英会話でできるようにできませんか

議員3：　わかりました。もう一度検討してみましょうね。

D　福祉

生徒4　「介護職保育職を増やすために、給与の一部補助を含めて、待遇改善」をお願いしたい。

議員5：　よい提案ですが、公務員の給与を上げると批判も強いので、私立保育園の中で、延長保育などの受け入れを充実してくれたところに、補助金だったら出せるかもしれませんね。介護現場でも、何か、福祉でがんばっているところに、補助金をだせるかもしれません。

生徒4　それでは、あまりインパクトがないと思います。U市は給与が高いと地域の噂になるくらいの政策にしないと、雇用増加に効果がないと思います。

議員6：　そうですね。私は、君たちの提案に賛成します。財源として、2億円くらいかかるかもしれませんが、どうやってお金を創ります？　福祉職改善税なんて取れないでしょう。

生徒10　それでは、土木費を削って、その財源を創ってはどうでしょうか

地域の願いをかなえよう―137

| 議員
6： | でもそれは、地域の経済を冷やしてしまうことになるかもしれませんね。 |

E 観光（商業振興）

生徒5 「街の表示板を英語以外に、中国語、ハングル」をいれてください。

| 議員
7： | そうですね。今後は、歴史遺産の場所の案内をつくる時から、採用してもらえるように、市の観光課にお願いしてみましょう。 |

生徒11 やった！ 僕たちの願いが街を変えることができるんだね。

| 議員
7： | それは、皆さんの個人的な願いではなく、市全体が良くなる提案ですから。そんな提案は、いつでも議会や、市役所の職員は待っていますよ。そのことを公益性が高いと言います。また、市で困った人のことを助ける提案も大事ですね。 |

生徒12 そうですね。街のことをあまり今までは、考えたことがなかったけど、これからは、考えてゆきたいと思います。

まとめ5分 ・・・・・・・・・・・・・・・・・・・・・・・・・・・

先生： それでは、議員さんにお礼をして帰りましょう。

議会訪問準備のために

① 事前に訪問して、

この活動が『私たちが拓く日本の未来』にも掲載されていることから、それを見せて社会的に認知された模擬請願であることの理解を得ましょう。

② 6、9、12月の議会（3月議会は予算審議があり困難）が、市町村議会で開かれています。

③ 3か月前には、予約の折衝を始めます。

④ 議会事務局と密に連絡を取り、日時を設定します。次に議長の承諾を得ましょう。

⑤ 議会開会日、議会閉会日など、半日で業務が終わる日の午後の時間などが設定しやすいと思います（午後公欠等の措置が必要なので、管理職の事前許可をもらう）。

⑥ どのグループにどの議員が対応するか、2週間前には、議会事務局に決めてもらいます。1週間前には担当の議員あてに模擬請願用紙をメール添付で事前提出をすると、関連事項を調べて臨んでくれる議員も出てきます。事前に、模擬請願書を送っておくと、市議会訪問時にコメントを得やすいです。

ローカルなシティズンシップ教育（主権者教育）を創るには

　市民を育てる教育は、地域・国・世界に対して、住民・国民・地球市民にどう生徒に育てるかが課題です。そのためには、フィールドワークや、模擬請願などアクティブな教育メソッドの設定が必要です。この教育実践は、政治的リテラシーを育てることにも役立ちます。それは、地域の願いを知り、それを実現に向けて取り組む教育だからです。また、その活動の前には、憲法や地方自治法などの基礎的学習も必要です。

　この授業では、第1時で現状を知り（HOP）、第2、3時に地域の分析とまとめ（STEP）をして、第4、5時に地域社会を変える発信・アクション（JUMP）をしています。この知識・現状理解（HOP）、分析・社会課題の当事者性の獲得（STEP）、社会へ実践活動をする（JUMP）の3段階によって、生徒達は、市民性を身につけてゆくのです。是非、市民性教育の普遍的な学習過程として、主権者教育、地球市民教育にも、この3段階を考えて単元構成をしてみてください。

　さらに、商店街の活性化を、地域の商店街と組んで、生徒に考えさせたり、地域の自然を生かしたエコツーリズムの開発などを地域の専門家や市民の方々と協働して活動することもあるでしょう。生徒が地域の課題を住民目線で、そして未来の地域の担い手として、社会に参加参画を進めることは、未来の市民を育成する上で、大切な教育になってゆきます。総合学習としてもお勧めです。

参考文献

文部科学省総務省『私たちが拓く日本の未来』副読本2015　他指導資料も参照

村林守『地方自治のしくみがわかる本』（岩波ジュニア新書）2016

（杉浦真理）

10	政治分野 広義	授業難度：発展

政党を作ってマニフェストを考えよう
政策討論

授業科目：政治・経済
時　間　数：６時間

授業のコンセプト

1. 授業のねらい

　　高校生が政党を結成し、自らがマニフェストを作成し、他党と政策論争を行うことを通して、現実の政策を考察したり、政策論争を通して政策実現の可否を考え、現実の政党選択などに活かすことを目標とする。その意味で、「広義」の主権者教育教材です。

2. 教材について

①マニフェストの策定と、マニフェストを中心にした論争を行うので、政治分野・経済分野を学んだ３学期に、「政治・経済」や「現代社会」の総まとめという位置づけで授業を行うことが最善でしょう。また、マニフェストの策定や論争を行うので、現実の政治などに関する基礎資料の収集方法や分析方法、資料の上に立った政策立案能力、討論の技術などの習得が前提です。具体的には、１学期にディベートを行い「資料収集・分析」のスキルを高めました。２学期にはODAの提案を行い「資料（根拠）の上に提案を行うプレゼンテーション能力」を高め、３学期にこの授業を行っています。その意味で、発展的な学習です。

②ここでは、付属したプリントのように大きな対立軸を「原子力発電所の再稼働を認めるか、認めないか」「積極財政で『大きな政府』を目指すか、緊縮財政で『小さな政府』を目指すか」におきましたが、他の対立軸（例えば、「日本はアメリカを参考とした『連邦制』に移行するかしないか」「消費税の税率を20％にするかしないか」など）を設定して政党を作らせることも可能です。

③評価には、外部ジャッジ（大学の専門家、新聞社の政治部記者など）を招いて講評していただくと同時に評価をしていただくと良いでしょう。授業実施者がジャッジするよりも、外部の専門家によるジャッジの方が、生徒にとって公平感があります。評価は、外部ジャッジが20点、生徒の相互評価が20点、その他の提出物（最終意思決定レポートなど）が10点になることを想定しています。

140

授業 LIVE

〈 第 1 時 〉

教員： さてこれから 5 時間かけて、「政党を作って政策論争をしよう」という授業を行います。配布したプリントを見ながら説明を聞いてください。

まず、政党を作ります。政党というのは、政策や政治的思想を同じくする人たちが集まって作る団体です。ですから君たちも「政策」によって分かれてもらいます。

[生徒A] どのように分かれるのですか？

教員： プリントを見てください。大きな対立軸を 2 つおきました。一つ目は「原子力発電所の再稼働を認める」か、「原子力発電所の再稼働を認めない」かにします。二つ目の対立軸を「積極財政で『大きな政府』を目指す」か、「緊縮財政で『小さな政府』を目指す」かにします。そうするとプリントのように、政策の組み合わせによって 4 つの政党が出来ることになります。

さて、まず自分の考えを決めてください。大きな対立軸のうち、それぞれどちらを選びますか？　つまり 4 つの政党のうち、どの政党を選びますか？　自分の立場を決めてください。5 分ほど時間をとります。

（5 分間）

教員： 自分の立場が決まりましたか？　では、A 党の立場をとる人は、教室の左前に集まってください。B 党の立場をとる人は、教室の左後ろに集まり、C 党の立場をとる人は、教室の右前に集まってください。最後に、D 党の立場をとる人は、教室の右後ろに集まってください。

（生徒はザワザワしながら移動する）

教員： 自分の所属政党は、それでよいですか？

[生徒B] 先生、人数がアンバランスなんですがよいんですか？

教員： これから行うのは政策論争ですから、人数よりも自分の政治的立場を最優先しないと議論できません。その意味で、人数のバランスよりも自分の政治的信条を大事にしてください。

[生徒C] 分かりました。

政党を作ってマニフェストを考えよう―141

「政党をつくろう」説明用プリント

1. 目的：政党を結成し、マニフェストを作成し、他党と政策論争を行う。
2. 授業の流れ
   (1) 政党の枠組み

	原子力発電所の 再稼働を行う	原子力発電所の 再稼働は行わない
積極財政で「大きな政府」 を目指す	A	C
緊縮財政で「小さな政府」 を目指す	B	D

   (2) 授業の流れ
   ① A～Dに分かれる。
   ② 党内の役割を決める。
   　☆最低必要なポスト：党首、副党首、財務大臣、外務大臣、農林水産大臣、
   　　厚生労働大臣、防衛大臣、経済産業大臣、エネルギー
   　　担当大臣
   　　※兼務は可能だが、副大臣等もおいて、一人一役以上
   　　　は就くこと。
   ③ 政党名を決める（変更可）。
   ④ 各党で「マニフェスト」を作成する。
   　☆マニフェスト作成上の注意
   　　A．最低必要な論点：a．景気・雇用対策、財源問題（消費税など租税改革、
   　　　　　　　　　　　　　国債の諸問題）
   　　　　　　　　　　　b．年金・医療（少子化対策を含む）
   　　　　　　　　　　　c．原子力発電所の再稼働の是非、復興関連、環境問
   　　　　　　　　　　　　題（京都議定書、新エネを含む）
   　　　　　　　　　　　d．外交問題（領土問題、TPPを含む）
   　　　　　　　　　　　e．防衛問題（沖縄の基地問題、自衛隊の海外派遣を
   　　　　　　　　　　　　含む）
   　　　　　　　　　　　※この論点以外の設定は可とする。
   　　B．マニフェストは「政策論争トーナメント」で発表、論争を行う。
   　　C．マニフェスト作成に関し、ベースの予算は、「2017年度予算」とする。
   　　　※「小さな政府」派は、累積国債残高を減らすと同時に「予算の縮小」
   　　　　をめざす。
   (3) 政策論争トーナメント
   ① マニフェストに基づいた討論を行う。
   ② 時程：A．X党の政策発表（9分）

　　　　B．作戦タイム（2分）
　　　　C．質疑応答（オーディエンスからも含めて9分）
　　　　D．Ｙ党の政策発表（9分）
　　　　E．作戦タイム（2分）
　　　　F．質疑応答（オーディエンスからも含めて9分）
　　　　G．投票・開票、外部ジャッジによる講評（10分）
　　③投票者：Ｘ・Ｙ党以外の生徒
　　　※投票と同時に、Ｘ・Ｙ党へのアドバイスメモを作成し、授受終了後、各党
　　　　に渡す。
　　④政策発表の際は、マニフェストを書いたB4裏表のペーパー、黒板を利用で
　　　きる。
　　　※ B4裏表の原稿は、前日の17時までに担当教員に提出する。
　　⑤政策発表と質疑応答は、その政党のメンバーなら誰でも可とする。
　　　※リレー方式も可とする。
　　　※質問は、回答者を指名できる。
　3．評価
　　　オーディエンスからの得票率＋外部ジャッジ

教員：　ではプリントに従って、党内の役割を決めてください。党内に最低限必要なポス
　　　　トは、党首、副党首、財務大臣、外務大臣、農林水産大臣、厚生労働大臣、
　　　　防衛大臣、経済産業大臣、エネルギー担当大臣です。人数が少ない政党は大臣
　　　　の兼務は OK です。逆に、人数が多い政党は副大臣をおいて、一人一役以上
　　　　は必ず就いてください。時間は10分です。くれぐれも注意しますが、ジャンケ
　　　　ンなどで決めてはいけません。党首はその政党の「顔」であること、各大臣は
　　　　論争の主役なのですから、その政策に強い生徒、または興味のある生徒が立候
　　　　補してください。そうしないと負けてしまいますよ‼　役割が決まったら各党
　　　　に配付したペーパーに役割を記入してください。

　　　　（生徒はザワザワしながら役割を決めはじめる。10分）

教員：　党内の役割はきまりましたか？　では次に、政党の名称を決めてください。党
　　　　の政策や性格を表すものがよいと思います。時間は 5 分とします。

　　　　（生徒はザワザワしながら政党名を決めはじめる。 5 分）

教員：　ではこれから残った時間は、政策論争のためにマニフェストを作成する時間と
　　　　します。今日の残りの時間とその後の 2 時間も準備の時間にします。その準備

政党を作ってマニフェストを考えよう―143

時間にマニフェストを作成し、政策論争に備えてください。

プリントにあるマニフェスト作成の注意事項を見てください。論争をかみ合わせるために、マニフェスト策定上、最低限必要な論点をこの5点とします。この論点は必ずマニフェストに盛り込んでください。それ以外の論点作成は可とします。

生徒D 先生、「小さな政府」「原発再稼働賛成派」なんですが、予算的に矛盾する可能性があります。

教員： その通りです。ですからあなたの政党は、全体の予算の増加はしてはいけません。具体的には、原発再稼動のための予算は、どこかの予算を削って行う必要があります。予算規模は、少なくても現状維持です。マニフェストには、どこの予算を削るか明記してください。

生徒E 「小さな政府」「原発再稼働反対派」ですが、予算規模はどうなんですか？

教員： 「小さな政府」派は、累積国債残高を減らすと同時に「予算の縮小」は可となります。ですから現実的にはあなたの政党は「予算規模の縮小」を目指すことになるでしょうね。

あ、全政党に確認ですが、マニフェストで使用するベースの予算は、「2017年度予算」としましょう。

今後の日程ですが、4時間目にA党とD党の第1回戦を行います。5時間目にB党とC党の第1回戦を行います。6時間目は、1回戦の勝者による決勝戦を行います。論争の採点方法はプリントに示したとおり、外部ジャッジとオーディエンスの生徒による投票で決します。また、政策論争の時間配分と論争の方法、論争に使う資料についてはプリントの通りです。何か質問はありますか？　ないようならば、早速マニフェストの作成に取りかかってください。

〈 第2時、第3時 〉

政策論争の準備時間

1．生徒が政策論争準備のために、教員が用意するもの
　⑴マニフェスト作成などのために、インターネットを利用することが多いので、準備のための時間はコンピュータ室などで授業を実施する。
　⑵マニフェスト作成の資料は、ほとんどネット上で集めることが出来るはずだが、生徒から求められた資料は、できる限り手に入れて渡したい。ただし、公平性を確保するために、一方の党だけに肩入れしてはならない。
2．準備時間中の生徒の活動
　⑴基本的には、各党バラバラの準備になるが、活動を大きくまとめると、次の3つの方法だった。
　　①党の方針を決めてから分業する方法（多くの党がこのような方法でマニフェストを作成していた）
　　　A．はじめに党員全員で最低限の方針を作成する。例えば、我が党は「原発再稼働賛成」「小さな政府」を党是とするので、こことここの予算を主に削って原発再稼働の費用を捻出する、などを全員で確認する。
　　　B．担当大臣等ごとに担当部分のマニフェスト案を作成する。例えば、これまでの政治・経済や現代社会で学んだ現代社会の課題を、どのように解決したら良いかを具体的に考えていた。ただし、方策は考えられても、予算化する点が難しいようだった。
　　　C．他省庁と調整が必要な案件は関係大臣会議を行い、調整する。それを繰り返す。例えば、「小さな政府」を目指している以上、自分が担当した省庁で新規事業を提案するときは、他省庁の事業を削ってもらう必要がある。また、他の省庁と事業がかぶる可能性があるものは、どちらの省庁が主管するか調整が必要となる。
　　　D．各省庁の調整が終わった段階で全体会議を行い、党のマニフェストを作成する。各省庁による調整でも、折り合いがつかない事業がある。その事業を党全体でどうしたらよいのかを話し合いながら、最終的なマニフェストを作成していた。
　　②はじめから分業を行う方法（放課後に集まる時間が少ない体育系の部活動参加者が多い党が採用する方法だった）
　　　A．担当大臣等が担当部分のマニフェスト案を作成する。
　　　B．他省庁と調整が必要な案件は関係大臣会議を行い、調整する。それを繰り返す。

政党を作ってマニフェストを考えよう―145

C．各省庁の調整が終わった段階で全体会議を行い、党のマニフェストを作
　　　成する。
③党首が作成した方針に従ってマニフェスト案を作成する方法（少人数の党や
　リーダーシップがある党首がいる党が採用することが多かった）
　　A．党首が各省庁の新規事業や削減する事業など、党の方針に沿った全体像
　　　を指示する。ただし、党首は「提案」という形を取ることが多く、党首の
　　　指示に対して質疑応答などがあり、全体の意思確認を行おうとしていた。
　　B．他省庁と調整が必要な案件は関係大臣会議を行い、調整する。それを繰
　　　り返す。
　　C．各省庁の調整が終わった段階で全体会議を行い、党のマニフェストを作
　　　成する。

〈 第4時、第5時 〉

政策論争第1回戦

〈 第6時 〉

政策論争の決勝戦

「政党を作って政策論をしよう」決勝戦（C党 vs 日本ミシンの会）のライブ

[C党の政策発表]（9分）

党首：　C党です。私たちは経済政策に重点を置き、日本の経済活性化を目指します。
　　　　そして、「豊かな国　日本」を復活させます。その基礎なるのは財政です。財
　　　　政政策では、消費税を10％に引き上げます。さらに、最高税率を所得税45％、
　　　　相続税50％に引き上げ、相続税については、控除対象や課税基準の見直しを行
　　　　います。法人税は引き下げ、企業利益の拡大、経済の活性化、雇用の拡大を目
　　　　指します。予算繰り越し制度を導入し、翌年へ予算を繰り越せるようにして無
　　　　駄遣いを減らします。2007年度予算では、「ムダ」と会計検査院に指摘された
　　　　のは2兆円にのぼりました。これらをなくすことで、歳出の削減や国債発行の
　　　　減少を行います。個別の政策については、各大臣が説明します。

経産
大臣：　円高の解消、雇用の安定、復興事業を重点的に行います。まず、日銀と連携し
　　　　て「ゼロ金利政策」など金融緩和政策をとります。金融緩和によりマネー・ス
　　　　トックが増加し、円が外国為替相場にまわり円高が解消されます。雇用につい
　　　　ては、非正規雇用対策として中小企業雇用安定基金などを使いながら、基金の

整理統合など労働者との連携を取りながら正社員化を進めます。また、育児休暇から復帰するために職業訓練を充実させます。中小企業の優秀な人材確保を目的とした大学との連携を進めるため支援策として一般企業に452億円投入します。復興事業については、1兆4869億円を復興金として分配します。内訳はマニフェストの通りです。ただし、被災地の中小企業には一般地域とは別に692億円を投入します。最後に、共通ナンバー制度を導入することによって、税金徴収の支出を92億円あまり削減します。共通ナンバー制度は、1兆1500億円の経済効果があるとされており、さらに税の未納をなくすなどのメリットがあります。

農水大臣： 個別所得補償制度、食の安全、農林水産業の発展を重要課題と位置づけて、3本柱として実行していきます。「食糧自給率の向上」を目指し、農業経済の安定と農作物の改良を目指し、農家への所得保障制度を各作物に一律支給し、支給対象作物などを拡大して充実させ、「農業支援制度」と名称を変更します。

厚労大臣： 年金についてですが、基礎年金は全て国庫負担として税金でまかないます。国民年金は、国内に10年住んでいたら、現行と同額の満額6万6千円を給付します。その他については、掛け金等によって増額していきます。高額所得年金受給者に対しては、控除等を見直して年金を含めた所得について所得税を徴収します。次に生活保護についてです。生活保護費を娯楽に使ってしまう人が問題となっているため「フードスタンプ制」を導入します。少子化対策については、育休中の所得の8割の保障を義務化し、そのうちの6割を国が負担します。3歳未満の子供がいる方には勤務時間の短縮制度を導入し、さらに育休制度を使いやすくするため、午前・午後に分割して取得出来るようにします。

政党を作ってマニフェストを考えよう―147

エネ大臣： 日本の原発は全て止め、廃炉の手続きに入ります。風力発電を2050年までに135.5Tw/hに引き上げ、洋上風力発電の研究・開発・導入を促進します。これらの研究などで、2020年までに140万人の雇用を創出します。現状では原発が発電の3割を占めていますが、この政策により2030年には自然エネが原発の発電を超え、2050年には自然エネルギーが発電第1位となり、火力発電は39％まで低めることが出来ます。また、国立公園法などを改正して、地熱発電の開発を進めます。太陽光発電の住居補助金として、1kwあたり3万5千円を支給します。福島原発地域の生活環境を整備し、施設や地域ごとに除染などの目標を定めます。

党首： 最後に予算の説明をします。歳入歳出は、106兆933億円です。昨年度予算より13兆3367億円あまり増えています。その内訳についてはマニフェストを見て下さい。これで、「C党」の政策発表を終わります。

[作戦タイム]（2分）
[質疑応答（一部省略）]（9分）

質問　エネルギー担当大臣に質問です。電力会社がいろいろなお金を積み立てているにせよ、国の電源立地対策費用などが300億円しか計上されていないので、本当に廃炉など出来るのですか？また、廃炉に対して自然エネ対策費も必要なはずなので、この予算で出来るのですか？

エネ大臣： 経済波及効果があるので大丈夫です。

質問　いや、予算についての質問です。300億円で対策が出来るかということです。

エネ大臣： 廃炉については、国のみで行うものではありませんので。

質問　いや、電力会社の「廃炉積立金」が1兆円不足しているのですが足りるのですか？

エネ大臣： この予算は次年度のものなので、次年度以降も「廃炉費」は計上していきます。

質問　風力発電ですが、現在の発電量から42倍に引き上げるということは、海を埋め立てて風力発電施設を作るのですか？

148

エネ
大臣：埋め立てではなくて、洋上風力発電を推進します。

［質問］どちらにせよ、風力発電は環境への影響が心配されるのですが。

エネ
大臣：洋上発電は、環境への負荷がかなり少ないと考えられています。

［質問］農水大臣に質問です。農業関連費が4500億円くらい計上されていますが、どのような使い道なのですか？

農水
大臣：個別保障制度は、今までは販売額より所得が少なかったときに保障するのですが、それだと農家の農業への改善意欲が低下するので、頑張った分だけ保障しようとする制度に改めます。

［質問］農業保障制度は販売額に関係なく一律に保障すると書いてありますが、これだと努力して販売額を増やした農家とそうでない農家との差が出ないということですよね。

農水
大臣：違います。支給する最低額が単位あたり１万５千円で、そこから先は努力次第ということです。

［質問］厚労大臣、病院の統廃合を進めるということは、病院を減らすことなのですか？

厚労
大臣：そうです。ただし、経営がうまくいっていない病院の統廃合です。また、総合医師を育成するので地域医療は低下しません。

［質問］病院が遠くなり、症状が悪化する人もいるのではないですか？

厚労
大臣：「かかりつけ医」を充実して、重病の患者さんを専門病院へ送るという、医療の役割分担を明確にします。

［質問］経産大臣に質問です。共通ナンバー制度で、１兆何千億円かの経済効果が見込まれると言っていましたが、具体的にどのような効果が生まれるのですか？

経産
大臣：資料の出典は、財団法人日本生産性本部のもので、社会保障・税徴収の効率化、医療費の効率化など、税の徴収過程にお金がかからなくなると言っています。

政党を作ってマニフェストを考えよう─149

[日本ミシンの会の政策発表]（9分）

党首： これから「日本ミシンの会」の政策発表を行います。我が党は「小さな政府」を目指して、国債を減らし、財政的な日本の危機的状況を改善したいと考えています。これからは、各担当が説明します。

経産
大臣： 我が党は、規制緩和で新しい産業を創出し、景気や雇用を改善します。ですから、景気改善などのための増税は行いません。

財務
大臣： 我が党の基本方針は、これ以上国債を増やさないことです。国債を増やすことは、次の2点の理由から行いません。第一に、将来の金利負担を上昇させ、財政破綻を招く恐れがあることです。第二に、借金の返済のため増税の可能性が高く、景気の悪化を招くことです。まず、第一の金利の負担の問題ですが、国家の健全財政を目指さないと、誰もお金を貸してくれなくなってしまいます。いわゆる「ハイリスク・ハイリターン」は誰も望みません。現在日本が多大の借金を背負いながら、いまだ国債が売れる理由は、国債が国内で消化されているからです。しかしこれ以上借金が増えて、もし外国に頼るようになると、国債の償還に疑問が出てきて、国債の売れ残りがでる可能性があり、政府は予算を組めなくなります。これは財政破綻を招くことです。第二は消費税の導入です。約20年前、消費税が3％から5％に引き上げられました。その時、それまでの税収入が60兆円だったのが40兆円まで落ち込みました。このことから、増税と税収入の増加は一致しないことが分かります。税率アップで税収が減少することは、その国の経済活動が下がっていることです。つまり、増税は景気の悪化を招くことになるのです。しかし、我が党の政策を実行すれば、国債発行を押さえ、日本の将来を立て直すことになります。

厚労
大臣： 現在の年金は、本来は毎年年金の支給額を改定する仕組みとなっています。しかし、2000年から2002年のデフレ下で、支給額を改定しなかったため、本来の受給額より2.5％ほど支給額が高くなっています。そのため年金の払いすぎが生じ、これまでの過払いは約7兆円にのぼっています。このまま改訂しないと、毎年約1兆円ずつ払いすぎることになります。そのため、この過払いを解消して歳出を抑制します。また、その他の対策も検討します。

エネ
大臣： 我が党は、いらない原発を作るつもりはありませんが、原発を全てなくすことは現実的ではないと考えます。理由を一つあげると、現在、廃炉費が1兆円不

150

足していることが挙げられます。さらに、原発を廃止した場合、火力発電に頼らざるを得ないので、電気料金が上がり、景気の停滞を招くからです。したがって、原発を再稼働させ、原発依存率は維持します。ただし、原発に替わるクリーンエネルギー研究費を補助します。また、原発の安全性を向上するために、原子力安全庁を設置し、監視を行います。

党首：　我が党は、ムダな予算を削減し、「小さな政府」を目指します。現在、コストに見合わない仕事が多く見られますので、政策の重点化効率化を図ります。また、少子化対策に重点を置き、それをテコに景気を回復し需要を増大させ、さらに規制緩和による経済活性化を目指します。

[作戦タイム]（2分）
[質疑応答（一部省略）]（9分）

　質問　マニフェストに、「30年後を見据えた少子化対策」とありますが、30年後は景気が良くなってるのですか？

党首：　人口増加の予想図がここにあります（みんなに示す）。フランスの合計特殊出生率2.0%をみならって、2035年頃に緩やかな人口増が達成できると考えています。

　質問　今すぐの景気対策はないのですか？

経産大臣：　我が党の主張は「小さな政府」ですから、積極的に打つことはありません。

　質問　現在の不景気を放っておいて、将来良くなるとの見通しがあるのですか？

経産大臣：　全体の予算削減を行いながら、これまで通りの景気対策は行っていきます。

　質問　マニフェストに、中・長期的にプライマリー・バランスを黒字にすると書いてありますが、予算を削減するということですね？

財務大臣：　はい。

　質問　現在の予算では、国債費を除くと71兆円になります。プライマリー・バランスを考えると、約23兆円もの歳入不足がでます。それをどのように黒字にするのですか？

**財務
大臣：** １年間では無理です。我が党は、いますぐプライマリー・バランスを黒字にするといっているのではありません。日本は、これまで国債に頼っていなかった時期があり、そこに帰ろうとしているのです。その時期に向かって、財政構造を変えていくつもりです。

質問　どのくらいかかるのですか？

**財務
大臣：** 長期間の視点です。

質問　景気対策費は減らさないといっていましたが、そこの予算を減らさないということは、財源を減らすということと矛盾しませんか？

**財務
大臣：** 中小企業支援とか、必要性のある景気対策は続けていきます。

質問　では、具体的にカットする事業はどのようなものですか？

**財務
大臣：** 農水、エネルギー、防衛費で合計……。

質問　もう結構です。エネルギー担当大臣に質問です。原発対策費やエネルギー対策費を削ると言っていましたが、どこを減らすのですか？

**エネ
当大臣：** エコを進める事業を減らし、また、復興費で復興以外に使われている予算が5000億円あると言われているので、それを削ります。合わせて5500億円ほど減らせると思います。それを、新エネルギーの開発にまわしたりして、エネルギー対策を行っていきたいと思っています。

質問　ミシンの会は「小さな政府」ですよね。ですからマニフェストには、ムダな事業は削減し、地方に任せるものは任すと書いてありますが、具体的に、国から民間に仕事を移管していないのはなぜですか？

党首： 郵便、鉄道、電話、高速道路など、それまで何でも国がやっていたものを、1980年代からどんどん民営化してきました。そして、小泉政権あたりからさらに促進されて、特殊法人なども見直されてきており、もう民営化という分野はほとんどなくなったと思います。そのため、我が党の政策は、規制緩和と事業削減が中心となっています。

［ジャッジによる講評］[1]

大変よい議論だったと思います。

「日本ミシンの会」は、マニフェストが分かりやすかったですね。なにが問題で、どのような対策を取るのかがすっきりと分かりやすかったです。特に１枚目は、景気、雇用、財政問題など、一番大きな点を挙げ、そこを詳しくプロセスを挙げて説明しているという点が非常に分かりやすかったですね。

「C党」は、それに比べるとですがマニフェストの書き方や項目の順番が少し弱いと感じます。「ミシンの会」が、小さな政府の強みを強調するようなマニフェストの書き方をしていたので、「C党」は「もっとここに財源をかけないとこういう問題が起きるんだ」とアピールして、個別の争点を際だたせる証拠や議論を出していくと良かったと思います。

話は変わりますが、人間が理解できる争点は７つくらいだと言われています。「マジック７」と呼ぶんだそうです。そうだとしたら、争点を関連づけて７つ程度に絞って議論すると良いでしょう。その意味で、争点を関連づける必要性があります。

「ミシンの会」の政策で良かったのは、「少子化対策」という争点をドーンと大きく出してきて、30年後には結果が出てくると主張しました。質問で、「いまの景気対策はどうするのか」と聞かれても、「対策はいろいろやっている。だからいまやるべきことは、少子化対策と国債を減らすことだ」とはっきり答えられるのでしょうね。ただし、これ以上国債が増えると、国民の痛みがどのくらい増えるかをもっとアピールして欲しかった。そうすると、きついけれど、だからいま痛みに耐えなくてはいけない、ということをもっと言えたと思います。

注釈

[1] 今回のジャッジは、大学院（博士課程）で政治学を研究している卒業生でした。

（藤井　剛）

11 労働法 広義

授業難度：発展
授業科目：政治・経済
時 間 数： 1 時間

「私の名前はパンチョスです。」
～社長の戦略と従業員代表の思い～
労働法と権利

授業のコンセプト ━━━━━━━━━━━━━━━

1. 授業のねらい

①現実にありそうな中小企業を想定して、会社経営や働き方について考えさせる。

　＝多面的・多角的な思考を身に付ける。

②新たに課題を発見して、従業員代表として異なる利益を調整する。

　＝諸課題を解決する態度を育てる。

③話し合いのなかで、課題解決をめざす広義の主権者教育である。

2. 教材について

①各6部の教材（社長の戦略シート、パンチョスの感想、社長の通告カード）があり、それらの取捨選択によって授業時間の伸縮が可能です。

②授業の構成は、班による話し合いとその発表が中心となります。

③班による話し合いは、次の3展開になります（展開2がメイン）。

　展開1（社長の戦略カード）：経営戦略を会社の外側にいるものとして評価する。
　　　　↓
　展開2（パンチョスの感想）：労働者（会社の内側にいるもの）として吟味する。
　　　　↓
　展開3（社長の通告カード）：従業員代表提案に対抗する通告カードで再吟味する。

④話し合いでは賛成の多かったものを次の展開に持ち越すことで、働きやすい職場づくりについて深い学びができます。

⑤労働組合による団体交渉で解決すべき問題が、雇用形態・就業形態の多様化によりその解決が困難である（たとえば正社員中心の労働組合であれば非正社員の労働トラブルの解決は困難である）という現実社会の課題を直視して、労働組合の代わりに従業員代表（過半数代表）を想定して、諸課題の解決を試みる教材です。

授業 LIVE

導入5分

先生： さて、クイズです。店長とアルバイト学生が時給790円で合意しました。広島県の最低賃金は793円です。アルバイト学生はどうしたらいいですか？

生徒1 時給790円って納得してアルバイトしたのだから、諦めるしかないな。だって合意したんだろ？

生徒2 諦めるのは早いよ。3円賃金アップしてもらうように店長に新たに頼んでみたら？　いい店長なら3円くらいなんとかしてくれないかなぁ。日頃のアルバイトぶりで決まりそうだけど……。

生徒3 待ってよ。諦めたり、もう一度話し合ったりするのは自由だけれど、労働者には権利があるはずだわ。権利を主張すべきよ。

先生： 権利を主張するってなかなか勇気がいることだけれど、これが正解です。この資料を見てください ▶PP1 。出典は広島労働局のウエブサイトです。「広島県　最低賃金」で検索すると出てきます。労働基準法の第13条 ▶PP2 を読んでみてください。

PP1

労働基準法第13条

この法律で定める基準に達しない労働条件を定める労働契約は、その部分については無効とする。この場合において、無効となつた部分は、この法律で定める基準による。

PP2

生徒1 （第13条を読む。）あ、そっか「基準に達しない労働条件」が時給790円なんだ。それが「無効」になるんだね。諦める必要はなかったんだ。

生徒2 「無効となった部分は、この法律で定める基準」って最低賃金法のことなのかなぁ。790円ではなく793円が基準になるってことですか？

先生： そのとおりです。だから時給790円の契約は無効になっても新たに合意する必要なく、時給793円を直接請求できます。つまりアルバイト学生は、最低賃金が改定になったことを根拠に店長に時給793円を主張すればよいのです。

「私の名前はパンチョスです。」—155

生徒1　労働法は、労働者の強い味方なんだ。

生徒2　でも店長が、アルバイトは正社員ではないから関係ないって、言ったらどうしたらいいの？　非正規雇用は正規雇用よりも賃金が安いって聞くし……。

先生：　結論からいえばアルバイトも正社員も労働者です。だから雇用されて働いている以上、正規・非正規に関係なく最低賃金法による適用を受けます。厳密にいえば、「労働基準法の『労働者』の判断基準について」（昭和60年12月19日労働基準法研究会報告）では、「契約形式のいかんにかかわらず実質的な判断を行うべきである」とされています。実質的な判断というのは、雇われて報酬を得ていたといえるかどうか、について具体的に判断しようということです。

生徒1　何か難しくなってきたな。でも労働者が労働法を使えるとすごい、ってことだけわかった。

生徒2　労働者よりも労働者を雇う側がちゃんと勉強してくれる方が助かるなぁ。

生徒3　労働者の相談に乗ったり、ちゃんと雇っているか監視したり、政府の役割も忘れてはいけないわ。たとえば労働基準監督署はそのためにあるのよね、先生？

先生：　そうですよ！　店長のいっていることに疑問を感じたら、自分で勉強してみたり地元の労働基準監督署に電話して聞いてみたりすることが大事です。
　　　　労働者一人ひとりが権利を行使できること以外に、集団で何ができるか、今日はある会社を想定して労働問題を解決してみましょう。

展開40分　• •

先生：　グループ活動になりますので、班ごとに分かれて下さい。「舟入会社」（製造業）の従業員の構成をみてください ▶PP3 。

生徒1　親父感満載の会社だな。

生徒2　パートさんは女性だけなのね。

生徒3　パートは非正規雇用だけれども、正社員と同じ労働者よ。最低賃金は守られているのかしら……。

> 「舟入会社」（製造業）
> 正社員（男性7名）
> 20代・30代が1名ずつ、
> 50代が5名
> パート（女性3名）
> 20代1名、40代2名
>
> **PP3**

先生：　早速知識を活用していますね。
　　　　さて今、社長の交代があって、新社長は会社のイメージアップ戦略を考えています。各班の代表は、社長の戦略カード ▶PP4 を取りに前に来てください。

（無作為に６種類の戦略カードから選択させる。）

先生：　戦略が成功しそうなら〇、失敗しそうなら×を前の黒板に記入してください。
制限時間は５分です。

生徒１　定年制廃止戦略がいいと思
うよ。

生徒２　なんで？

生徒１　定年制がないってことはい
つまでも働けるってこと。老
後の生活資金に困らないから
だよ。高齢社会に対応した会
社としてイメージアップ間違いなしだ。

社長の戦略カードの概要			
戦略	新規採用	戦略目標	戦略内容
1	なし	高齢者に優しい	定年制を廃止する
2	正社員１人	女性活躍	女子労働者を採用する
3	正社員１人	障害者に優しい	障害者を採用する
4	なし	同一賃金	パートを正社員化する
5	パートのみ	残業時間ゼロ	定時に退社させる
6	実習生１人	国際化	外国人技能実習生を採用する

PP4

生徒３　ちょっと待ってよ。そのために新規採用がゼロよ？　誰にとってのイメージ
アップなの？　会社の存続を考えると新規採用ゼロの戦略は失敗だと思うわ。

生徒４　新規採用があっても、パートとかの臨時だったらイメージアップにつながるか
な？　正社員を新規採用して安定感をアピールする戦略が成功だと思うな。

（５分経過）

先生：　〇をつけた班は、どのような戦略か聞かせてください。また〇をつけた理由も
一言お願いします。

生徒１　「戦略２（女子労働者優遇）『来年度の新規採用は１人。しかも女性に限定す
る』。理由：女性に優しい企業としてイメージアップを図る。効果：特に母子家
庭では生活が苦しくなりがちである。正社員として雇用されれば安定的な収入を
得ることができる」です。理由は、会社に女性の数が男性に比べて少なく、しか
も正社員が一人もいないからです。

生徒２　「戦略４（非正規雇用者）『新規採用をやめて、パート従業員を全員正社員にす
る』。理由：「同一労働・同一賃金」を実現した企業としてイメージアップを図る。
効果：これまで低かったパート従業員の賃金が正社員並みになると労働意欲が
アップすることが予想できる」です。理由は、非正規雇用が増えて、正規雇用と
の格差問題が社会問題になっているからです。

「私の名前はパンチョスです。」―157

生徒3 「戦略5（長時間労働の解消）『今後新規採用はすべてパートにし、正社員の残業時間が発生しないようにする』。理由：週40時間労働の企業としてイメージアップを図る。効果：長時間労働による健康被害は減少し余暇が増える。その時間を他にまわして充実した生活ができる」です。理由は、長時間労働によって過労死したり、過労自死（過労自殺）したり、長時間労働の解消は最優先課題だからです。

先生：（黒板に戦略目標を貼る）戦略2は社会的弱者に優しい企業、戦略4は賃金が平等で公平な企業、戦略5は過労死のない安全な企業です。労働者にとって最も有利なものを1つ選んで挙手してください。考える時間は1分間です。

（1分経過）

先生：それでは挙手してください。
僅差で戦略4が選ばれました。戦略4では、新規採用をゼロにして全員正社員にするものです。これで3名のパートは正社員となってしかもパートは女性ばかりですから女性の待遇改善にも直結します。
さて、社長が戦略4を経営方針として打ち出した際に10名の従業員から一人1票で選挙をして従業員代表を選びました。従業員代表の意見も聞きたいというのがその理由です。会社の外側から見たときには戦略4はよいものでしたが、内側から見たときには別の意見もあります。従業員代表となったパンチョスさんのプロフィールを読んでください ▶PP5 。

> 従業員パンチョスのプロフィール
> 20代の日系人。見た目は日本人だが育った文化が違うため、入社当初はトラブル続きだった。意見の違いをお荷物ではなく財産だとポジティブに考えるので会社の中で人気者になっていった。口癖は「立場が代わっても納得できる意見なのかなぁ？？」である。

PP5

生徒1 見た目が日本人だったら、気軽に日本語で細かいことを言われると最初意味不明で困っただろうな。

生徒2 「立場が代わっても納得できる意見なのかなぁ？」ってユニークな口癖ね。

先生：そうですね。なぜ人気者になっていったと思いますか？

生徒1 イケメンだったからでしょ。

158

生徒2 そうではなくて、人の意見をしっかり聞いたり相手の立場も考えたりすることができるからだと思うわ。

先生： そうです。根拠をもって自分の意見を主張することは大事です。それと同様に自分の主張とは違う意見にも耳を傾けることも大事なことです。特に真逆の意見をも取り入れて考えることはもっと大事なことですね。「みんなのことはみんなで決める」という民主主義の精神がパンチョスにあるから人気者になっているのかもしれません。

戦略4について、パンチョスはこのような感想をもっています。読んでみてください ▶PP6。

生徒1 （感想を読む。）あ、反対なんだ‼

生徒2 好きな時間帯で働くことができるのがパートの魅力だったのね。正社員になって賃金が上がることが魅力的だと思っていたのに……。

> 私の名前はパンチョスです。
> 「全員正社員戦略には反対だ。好きな時間帯で働くことができるパート労働も魅力的だからだ。また所得増により税金が高くなり、収入が減ってしまうことだってあるだろう。働き方の選択が少ないのは不自由ではないだろうか。」

PP6

生徒3 賃金が上がったことで収入が減ってしまうことってどういうことですか？

先生： 2016年10月からおおむね賃金月額が8.8万円（年106万円以上）のパート労働者は社会保険に加入することが義務付けられました。この場合社会保険料を支払う分だけ収入が減ることになります。また2018年1月から配偶者控除額が103万円から150万円に改正されます。たとえば、給与収入150万円を超えるパート労働者にはその控除がないので所得税を支払う分だけ収入が減ることになります。どちらも細かい要件がありますが、一般的に「106万円の壁」とか「150万円の壁」とかいわれています。

生徒1 あー、ほんとに頭が痛くなりそうだ。

生徒2 賃金がアップしても、保険料や税金を納めていたらその分収入が減ってしまうね。なんのために働いたのかなぁって考えてしまうわ。

生徒3 先生、どうやったらそんな知識がつくの？　新聞を読んだりしたらいいの？

先生： そのとおりです。図書室にいくと複数の新聞があります。読み比べてみるとさらに良くわかります。厚生労働省のウエブサイト内を検索してみるのもお勧めです。
　　　さて皆さん、パンチョスの感想を参考にして戦略4を吟味してみましょう。皆さんが従業員代表として社長に提案するのです。（黒板にミッションを貼り出す。）ミッションは「正規にも非正規にも公平な戦略を考えてみよう」（雇用形態）です。ヒントはパンチョスの口癖である「立場が代わっても納得できる意見なのかなぁ？」です。まず8分間各班で話し合ってください。そこで一旦小休止します。

（生徒の話し合い）

生徒1　まずパートの人を全員正社員にする！　そうしたら平等感満載で仕事のモチベーションも上がると思うよ。新聞記事でも見たことをあるもんな。

生徒2　そうかな？　都合のいい時間帯でないと働けない人は絶対に困ると思うわ。正社員が嫌だったら会社を辞めろ、って言うの？

生徒1　そんなことは言ってないさ。自分がパートだったら、やっぱり正社員より賃金が安いのは嫌だろうな、って言っているんだよ。だって同じ仕事をしているのに賃金が違うのって不公平だよ。同一労働・同一賃金！

生徒3　そんなに熱くならないで。パートだからこうだ、って決めつけるのがいけないと思うの。パートの人の中には本当は正社員になりたい人、このままの方がいいと思っている人、いろいろいると思うのよ。

（8分経過）

先生： 小休止します。ここでプチ情報交換します。各班から1名、時計回りで隣の班に移動します。移動しない班員は、移動してきたニューフェイスに何が議論になっているかを説明してください。時間は2分間です。さあ移動です。

生徒1　うちの班ではパートの人が、正社員になるかそのままパートのままか、パートの人に決定権があるという案が出ています。

（聞いている生徒：立場の違う正社員の人にはどんな決定権があればいいのかな？）

生徒2 この班ではまず全員正社員になって、都合の悪い時には自由に一時間単位で休めるという案が出ています。

（聞いている生徒：労働時間がバラバラなのに同じ賃金だったら長く働いている人は怒りださないかしら？）

先生：　時間がきました。元の席にもどってください。ここで正社員とそうでない人の違いを整理した資料を配ります ▶PP7 。その裏に提案を書いて黒板に張り出してください。制限時間は10分です。

生徒1 正社員のメリット・デメリットが書いてあるんだ。

```
非正規雇用（正式には非典型雇用）
定義：期間の定めのない労働契約で直接雇用されて
　　　いるフルタイムの正規従業員（正社員）以外
　　　の雇用形態

正社員の特徴
1．期間の定めのない
　→安定して働くことができるが、異動や転勤もあ
　　りうる。
2．直接雇用
　→諸手当や福利厚生があるが、降格や減給もあり
　　うる。
3．フルタイム
　→8時間労働であるが、残業や休日出勤もありうる。
```

PP7

生徒2 パートさんは、正社員のメリット・デメリットが逆になりそうね。

生徒3 「舟入会社」の従業員のことを想像しながらベターな提案をしたいわ。

（10分経過）

先生：　時間がきました。途中の班も黒板に貼りだしてください。最初に貼りだしたところから読んでみましょう。

A班 　パート3人の意思で正社員になるかどうか決める。もし正社員を希望しないときにはその人数分女性の正社員を新規採用する。

先生：　社長の戦略に一致していますか？　また工夫したところを説明してください。

A班 全員正社員だから一致している。しかも女性の正社員が増えて女性活躍の場面が増えてイメージアップ大成功だよ。

先生：　新規採用について社長は希望していないですが……。女性に優しい戦略も兼ねていますから新提案に社長も納得するかもしれません。結局は全員正社員ですからね。次に貼りだしたところを読んでみましょう。

「私の名前はパンチョスです。」―161

(B班) パート3人を正社員にする。賃金を全部4時間単位に変換して、半日単位で休めるけれど、その分賃金が減るようにする。

先生： 社長の戦略に一致していますか？また工夫したところを説明してください。

(B班) 「同一労働・同一賃金」だから一致しています。半日単位で帰宅する人は賃金が減り、帰宅せず働く人は賃金が減らない、最も公平だと思います。4時間という制限があるけれど好きな時間帯に働けるから今までのパートさんが継続して働くことができる点が工夫したところです。

先生： なるほど。今いるパート労働者が困惑しないように考えたのですね。また労働時間に比例して賃金が決まるという意味で「同一労働・同一賃金」を理解したのですね。もちろん所定労働時間を超えた場合には割増賃金が発生することに注意しなくてはいけません。次に貼りだしたところを読んでみましょう。

(C班) 全員正社員という戦略の強制に反対し、パートという選択肢を残す。パートでないと働けない人に正社員が嫌なら解雇する、ということにならないようにする。

先生： びっくりしました。社長と対立するのですか？ 社長は提案を受け入れない可能性が大ですよ。どうしてそのように考えたのですか？ また班内ではどのような意見がありましたか？

(生徒1) 正社員になると残業があったりして、都合のいい働き方ができない人がいるはずだよ。結局、正社員が嫌ならパートの方から辞職させる戦略は卑怯だ。

(生徒2) でもね、社長に睨まれてパートでいるのは肩身が狭いわ。私だったら、正社員になってから、そっと辞めてしまうわ。だから私は反対したのよ。

(生徒3) よくわからないけど、パートさんの時給をアップすればいいのよ。もし正社員さんと同じくらいの賃金になれば、社長さんの戦略と結論は同じになると思うわ。計算の仕方はわからないけど……。

先生： パートさんが聞いたら喜ぶでしょうね。時間ではなく労働の成果に応じて賃金が決まるという意味で「同一労働・同一賃金」を理解したのですね。

(生徒4) 今いるパート労働者だけでなく、私たちは将来の働き方のことも考えているのよ。パートという選択肢を残せば、従業員の半数の50代の人が定年になっても引き続き働くという選択肢を

残せると思うの。これって、社長のいう高齢者にも優しい戦略にも一致するはずよ。

従業員の従業員による従業員のための職場環境づくりが社長にとっても働かせ易い職場のはずよ。その点では労使の利害は一致している。そこを突くのが従業員代表の役目だわ。

先生： パンチョスの感想をもとにみんなで話し合うといろいろな見方や考え方が出てきました。そして非正規の人を正規にすれば労働問題がすべて解決するという見方は単純であることが明らかとなりました。

ここで社長からの通告カードを読みます。どうやら社長は従業員代表の意見は参考意見程度に過ぎない、決めるのは経営者だと思っています。読みます。

社長の通告カード

イメージアップ戦略で「同一賃金」を選んで「パートを正社員化」することに賛成してくれた従業員諸君に感謝します。これで「同一労働・同一賃金」が達成された企業としてイメージアップができると確信しています。ここで注意しておきたいことがあります。賃金の総額は変更しません。パートの賃金が上がる分、正社員の賃金は下がります。賃金が下がることについては最低賃金を上回っていますから法律上問題はないことを予め通告しておきます。

先生： 皆さん、どうですか？

生徒1 えーー、だまされた！！！　正社員の賃金は下がるの？　聞いてないよ？

生徒2 最低賃金を上回っていたら労働基準監督署も助けてくれないのかなあ。

生徒3 これが社会の現実なのね。高校生や大学生の子どもがいる家庭で賃金が下がったら大変なことになりそう。50代の労働者が多い会社なのに……（泣）。

生徒1 泣き寝入りの前に、正社員で団結してストライキして断固反対すればいい！

生徒4 冷静にならないとだめよ。最初に提案したのは社長の方で、それには賃金の総額は変えないっていう条件は示していないわ。それに従業員からの意見は参考程度なら、社長と従業員の合意はできていないのよ。つまり、社長一人が一方通行で宣言しているだけなのよ。

生徒3 だったらどうすればよかったの？

「私の名前はパンチョスです。」—163

生徒4 賃金が下がることを通告した時点で労働基準監督署に相談すればいいのよ。社長には「賃金が下がることには同意しません」ってはっきり言うべきよ。

先生： その通りです。但し労働基準監督署は個人救済機関ではないことに注意しましょう。2001年に個別労働関係紛争の解決の促進に関する法律が制定され、2006年に労働審判制度が始まっています。これらは個々の労働者のトラブル解決のための制度です。労働者集団でできることはないですか？

生徒1 まずみんなで話し合って作戦会議だな。「打倒！　社長通告」

生徒2 社長にはどうすれば対抗できるのかしら？

生徒3 労働三権！　つまり、団結権、団体交渉（団交）権、団体行動権があるわ。

先生： この場合、どの権利を行使することが効果的でしょうか？

生徒4 団体交渉権だわ。正当な理由がないと経営者は交渉を拒否できないから。

先生： よく勉強してましたね。団体交渉権をする主体は誰ですか？

生徒1 従業員全員で行けばいいんでしょ？

生徒2 違うわ、それは労働組合よ。

先生： そうです。そうです！　最低基準を上回る労働条件については、労働組合による団体交渉を通じた労働協約により設定する。これがワークルールです。従業員代表としての提案ではなく労働組合としての提案であれば社長も無視できません。社長の通告カードに対してどのようなことが提案できるか授業の終わりのチャイムが鳴るまで班で話し合います。次の授業でそれを発表してください。その前に今日の整理をします。

終結5分 •

先生： 憲法第13条を読んでください ▶PP8 。

生徒1 （第13条を読む）これって、憲法で一番大切な条文だって教わった条文だよね。

先生： すごい記憶力ですね。どこに赤線引いたか覚えていますか？

憲法第13条

すべて国民は、個人として尊重される。生命、自由及び幸福追求に対する国民の権利については、公共の福祉に反しない限り、立法その他の国政の上で、最大の尊重を必要とする。

PP8

生徒2 「個人として尊重される」でしょ？

先生： すばらしい。これを労働問題に当てはめてみましょう。非正規、女性、高齢者、いろいろな属性があっても、個人として尊重されることが憲法の要請していることです。労働者がどのような雇用モデルを選択しても働き甲斐のある人間らしい仕事を確保することが重要なのです。そのためにワークルールは憲法や労働法で使用者を法的に拘束しているのですね。

先生： 今日は、ワークルールを誰がどのように決めるか、ということについて、学習しました。

（以下、資料としてパンチョスの感想概要と社長の通告カードの概要をまとめました。）

パンチョスの感想概要

戦略	戦略目標	感想内容
1	高齢者に優しい	高齢者優遇は、若年労働者の生活保障にとっては不公平ではないか
2	女性活躍	女性優遇採用は、優秀な男性を採用する機会を逃すのではないか
3	障害者に優しい	障害の有無で就職が決まるのは、応募者にとって不公平ではないか
4	同一賃金	賃金よりも好きな時間帯を重視して働きたい人もいるのではないか
5	残業時間ゼロ	割増賃金が魅力で残業を希望している労働者もいるのではないか
6	国際化	日本人以上に働いても実習生の賃金が低いのは不公平ではないか

社長の通告カードの概要

戦略	新規採用	戦略目標	通告内容
1	なし	高齢者に優しい	定年直前の社内テスト合格者だけに定年制を廃止する
2	正社員1人	女性活躍	女性社員の妊娠出産育児の時は男性の残業で補填する
3	正社員1人	障害者に優しい	障害者の社員を無報酬で従業員全員が介助・支援する
4	なし	同一賃金	賃金総額は変化させないために正社員の賃金を下げる
5	パートのみ	残業時間ゼロ	退社時刻15分後に全ての電灯・空調設備をオフにする
6	実習生1人	国際化	英語検定2級に合格できない正社員を昇級停止にする

（河村新吾）

12

倫理分野　広義

授業難度：発展
授業科目：現代社会(公共)
時間数：3時間

根拠（思想）をもって政策づくり
政策提案

授業のコンセプト ────────

1. 授業のねらい

　　価値概念を習得した上で社会的課題を考察させる。その意味で「広義」の主権者教育教材である。

2. 教材について

①先哲の思想と政策を組み合わせて考えさせることで、自分が重視する考え方を自覚して社会問題を考えることができるようになります。これが大切だと考える理由は以下の2点です。

第1に、重視する考え方を自覚することで議論がかみ合いやすくなるからです。ここまでは合意可能で、ここからは絶対に譲れないという領域が明確になります。これによって議論がしやすくなります。

第2に、主権者教育と密接に関係するシティズンシップ教育では概念（考え方）を活用する重要性が指摘されているからです。イギリスの政治学者バーナード・クリックはシティズンシップ教育を構成する要素として「社会的道義的責任」「共同体への参加」「政治的リテラシー」の3つをあげ、特に「政治的リテラシー」が重要と述べています。「政治的リテラシーとは、日常生活や日常言語から取り出された概念（考え方）を現実に即して理解できること」であり、考え方を用いて自分や相手の利害や理想に正当性や根拠を与える能力が必要であると指摘しています。

②ほとんどの高校で実践できる内容です。ただし、1学期に1回程度繰り返して、6つの先哲の思想を取り扱って社会的課題を考えさせる授業をすると、より生徒は先哲の思想を活用した主権者教育に取り組みやすくなります。本校では実際に1年に数回繰り返して様々な社会的課題を考えさせています。

③先生と生徒のセリフを読みながら、作業で止めて授業を行うことを想定しています。また、学校によっては適宜飛ばしたり、説明等を補足して下さい。

④この授業を受けて、近現代思想などの「倫理」の授業にも、地方自治などの「政治・経済」の授業にも発展させることができます。

166

授業LIVE

事前に「今、生活している地域のことで困っていること、こうなるとよいと思うことをどんどん書き出そう（聞いてみよう）」という保護者・地域の方へのインタビューをさせたり、生徒へのアンケートを実施したりして集計しておく。

1. 今、生活している地域のことで困っていること、こうなるとよいと思うことをどんどん書き出そう。

2. 今、生活している地域のことで困っていること、こうなるとよいと思うことを保護者の方にインタビューをしよう。

〈 第1時 〉

導入10分

先生： 事前に行った「地域で困っていることは何か」というインタビューとアンケートを集約した結果を発表します！　多かったのはこちら！　「自転車レーンがほしい」、「駐輪場がほしい」、「高校生の医療費を中学生と同じでタダにしてほしい」の3つです。これがみなさんが関心の高い地域の課題ということになりますね。

図表　関心がある地域の課題についてのアンケート結果

	自転車レーン	駐輪場	医療費	街灯	公園	保育園
1組	25人	5人	6人	0人	3人	1人
2組	4人	4人	20人	1人	6人	4人
3組	10人	10人	8人	3人	4人	2人
4組	8人	11人	9人	1人	5人	3人
合計	47人	30人	43人	5人	18人	10人

根拠（思想）をもって政策づくり—167

生徒1　駐輪場が足りないのは本当に困っています。

生徒2　部活でけがしたときに、お金をいっぱいとられました……。医療費はなんとか
　　　　してほしい。

先生：　なるほどね。では、自転車レーン、駐輪場、医療費という3つの事柄を、6つ
　　　　の考え方を用いて考え、それぞれの考え方に基づいて政策を作ってみましょう。

展開①20分 ・・・・・・・・・・・・・・・・・・・・・・・・・・・・・・・・・・・・・・・

先生：　まず、私たちが住んでいる区や都（市や県）は、この3つの事柄についてどの
　　　　ような政策をとっているのか4人1班で調べてみましょう。

生徒2　どうやって調べればいいですか？

先生：　ここに、区の「予算の概要」と、区の地図があります。
　　　　班で一つ見れるように印刷してきました。どの程度の
　　　　予算を組んでいるのか、どこに、どのようなことをし
　　　　ようとしているのかを読み取って、　ワークシート　1
　　　　に記入してみてください。

> 「自転車レーン」
> 予算：（　　　　　　　　　　　　）円
> どこに、なにをやろうとしているか？
> （　　　　　　　　　　　　　　　　　）
>
> 「駐輪場」
> 予算：（　　　　　　　　　　　　）円
> どこに、なにをやろうとしているか？
> （　　　　　　　　　　　　　　　　　）
>
> 「医療費」
> 予算：（　　　　　　　　　　　　）円
> なにをやろうとしているか？
> （　　　　　　　　　　　　　　　　　）

生徒3　やってみよう。……えー！　自転車レーンをつくるの
　　　　に9800万円使ってるんだ！　どの道路に作ろうとしてい
　　　　るんだろう？

生徒4　今、駐輪場の不足を解消しようとして、2000万円かけて、○○駅の前に100台
　　　　のおけるようにしようとしているんだね。

生徒5　医療費は、私たちの区では中学生までは負担が0だけど、中学校を卒業すると
　　　　3割負担になるんだね。

生徒6　待って。「ひとり親家庭の高校生は医療費負担が0円」って書いてあるよ。

展開②20分 ・・・・・・・・・・・・・・・・・・・・・・・・・・・・・・・・・・・・・・・

先生：　そろそろいいでしょうか。

生徒5　はい。「自転車レーン」、「駐輪場」、「医療費」について区がやろうとしている
　　　　政策は、確認できました。

先生： 区の政策を確認したところで、どのようにより良くしていけばよいのか考えてみましょう。それを考える際に役立つのが、6つの考え方です。功利主義[1]、リベラリズム[2]、リバタリアニズム[3]、共同体主義[4]、フェミニズム[5]、センの思想[6]です。前に学習しましたが、覚えていますか？

生徒2 なんだったかなあ……。

先生： この事例で思い出してみましょう。これは、アマルティア=センという経済学者・倫理学者が『正義のアイデア』という本の中で提示している例を、みなさんにわかりやすいように私が少し変えたものです。
　　　男の子A、B、Cが1本しかない竹の笛をめぐって争っている。Aは13歳。他の二人よりも笛を吹くのが上手。Bは12歳。3人の中で一番貧しく、おもちゃはほとんど持っていない。Cは12歳。誰のものでもなかった竹を材料にして、自力で笛をつくった。3人の住んでいる村では、年上のいうことに従う文化がある。3人のやりとりを見ていた、12歳の女の子がいた。女の子は内心は「私も笛が欲しいけど、女の子だし、男子の話に首を突っ込むのはおかしいかな」と思って立ちすくんでいた。みなさんなら、だれに笛を渡しますか？

生徒2 Aかなぁ。

先生： なぜですか？

生徒7 だってAが年上でしょ。年上のいうことに従う文化があるんだからそうなると思います。

生徒8 私はBかな。だって、おもちゃを持っていないんだよ。かわいそうじゃん。

生徒9 いやいや、Cが作ったんだから、当然Cのものでしょ。

生徒10 女の子がいるのが気になるなぁ。

先生： みなさん、いいですね。これには、以下の考え方があります。第1に、みんなの満足度を高める考え方。笛を吹くのが上手なAに笛を渡せば、Aも、Aの演奏を聞く2人の満足度も高まるというものです。このような発想は功利主義的な考え方ですよね。第2に、最も
不遇な人に渡す考え方。これだと、おもちゃを持っていないBに笛を渡すことになります。ロールズの格差原理（リベラリズム）に近い考え方になります。

根拠（思想）をもって政策づくり—169

第3に、結果ではなく手続きに注目する考え方。Cは誰のものでもない竹を探してきて笛を作ったのだから、笛はCのものという考えです。これはリバタリアニズムに近い考え方ですね。第4に、3人の属する共同体の価値観を重視する考え方。これだと、年上のAに笛を渡すことになります。第5に、性役割に注目する考え方です。笛が欲しいと思いながら3人を見ていた女子に注目し、女子を含めて4人でどのように笛を配分するのか協議することになります。フェミニズムに近い考え方ですね。

生徒7さんのような考え方は、第4の考え方に近いですね。このような考え方を何というか覚えていますか？

生徒2 覚えていません……。

先生： 共同体主義です。エチオーニという人は、政府の法的な規制でなく、地域社会で話し合い、「モラルの声」を回復して社会をより良く変えていこうと考えました。また、以前、授業でやった功利主義の考え方を端的に一言で表した言葉がありましたが、覚えていますか？

生徒2 「最大多数の最大幸福」ですよね。

先生： そうです。これを唱えたのは誰だったか教科書で確認してみましょう。

生徒2 ベンサムですか？

生徒1 教科書にはJ.S.ミルも功利主義の大成者って書いてありますが……。

先生： そうですね。ベンサムやミルが代表的な功利主義者ですね。ベンサムの功利主義に修正を加えて快楽にも質があることに注目して功利主義を大成したのがミルと言われていますね。さて、次に、アマルティア＝センという人の考え方をみてみましょう。こんな事例です。

ホームレスで野宿している田村裕さん（『ホームレス中学生』2007）と、自転車ツーリングで野宿している人は、居住するという点については同じ。ケイパビリティではどう違う？

生徒2 ケイパビリティって何ですか？

先生： ケイパビリティとは、人が善い生活や善い人生を生きるために、どのような状態にありたいのか、そしてどのような行動をとりたいのかを結びつけることか

ら生じる機能の集合のことです。日本語では「潜在能力」と訳されます。やや
こしいかもしれませんが、要は「できることの幅」のことです。たとえば、健
康である、安全な水や食物が得られる、安心して暮らせる住居がある、人前に
出られる衣服がある、公共の活動に参加できる、愛する人と一緒にいられる、
などが基本的なケイパビリティです。田村君の場合は公園で寝るしかないのに
対し、ツーリングの人は公園でも家でも寝ることができるし、別の場所に移動
することもできる。田村君に比べてさまざまな「できること」がありますよね。
センは、基本的なケイパビリティが平等にあることが大切と考えました。

生徒2 なんとなくわかりました。

先生: では、次の表を4人1組で埋めてみましょう。功利主義やリベラリズムなどの
それぞれの考え方であれば、自転車レーンはどこにつくるのか、それともつく
らないのか、駐輪場はどうするのか、ひとり親世帯の高校生の医療費について
どう考えるのか、それぞれ考えて記入してみてください。

考え方	自転車レーン	駐輪場	ひとり親世帯の高校生医療費無料
功利主義			
リベラリズム			
リバタリアニズム			
共同体主義			
フェミニズム			
センの思想			

生徒2 先生、フェミニズムはどのように考えればよいのですか?

先生: 例えば、自転車レーンであれば、保育園に着目してもいいかもしれません。

生徒4 功利主義の考え方では、一人親世帯の高校生医療費はどのように考えればよい
ですか?

先生: ベンサムは「個人はすべて一人として計算されるべきであって、何人も一人以
上には計算されてはならない」と書いています。ひとり親世帯の人口比をみて
みてはどうでしょうか。

生徒5 リベラリズムについて質問です。駐輪場についてはどう考えればよいですか?

根拠(思想)をもって政策づくり—171

先生： 競争によって生じる格差は最も不遇な人の利益を最大化するのに役立つものでなければならないという「格差原理」を思い出して考えてみましょう。

生徒6 リバタリアニズムは何もしないような気がします……。

先生： そうですね。政府は介入するべきではないと考えますので、市場で何とかしようという発想になるでしょうか。

生徒8 共同体主義に基づいている自転車レーンの政策はどう考えればいいですか。

先生： 何のために自転車レーンを設置するのか考えてみてください。

生徒8 事故にあわないようにするためですよね。

先生： そうですよね。だとしたら、事故にあわないように地域でできることはないでしょうか。考えてみてください。

生徒9 センの思想を重視すると、自転車レーンについてはどう考えればいいですか。

先生： やはり事故がないようにするものですよね。自転車に乗る人も乗らない人、あるいは自転車に乗れない人も。例えば福祉施設の前を車や自転車がバンバン通っていたら、車いすの人は出かけることが難しくなりますよね。そのあたりを考えてみてください。では、みなさん、がんばって作ってみましょう。

（表作成の時間をとる）

生徒3 できました！

先生： では各班で作った表を見てみましょう。各班、前に出てみんなに説明してください。

生徒5 私たちはこのように考えました。

考え方	自転車レーン	駐輪場	ひとり親世帯の高校生医療費無料
功利主義	人通りが多く、オリンピックの際に見栄えが良いところ。	区内で最も利用者数の多い○○駅前。	ひとり親世帯の数は多くないため、反対。
リベラリズム	最も自転車事故の多いところ。	最も利用者が困っている場所。	「格差原理」のため賛成。
リバタリアニズム	つくらない。	つくらない。	反対。
共同体主義	地域で自転車の乗り方講習や安全教育を行う。	不法駐輪をしないように近隣住民同士で注意喚起。	区でも市場でもないNPOのような組織を立ち上げてそこで援助。
フェミニズム	子どもが多く、保育園が多い地域。	働く母親が利用しやすい場所に作る。	ケアが大切だから賛成。
センの思想	車いすや障害がある人に使いやすいようにする。福祉施設の近くなど。	公共交通機関が発達しておらず、自転車でしか移動ができない地域。	ケイパビリティが高まるため賛成。

先生： いいですね。とても分かりやすくまとめてくれました。みなさんにききますが、みなさんはどの思想を重視しますか。自分と近い考え方を、ここの6つから選んで書いてみましょう。

〈 第2時 〉

導入20分 ●

先生： 前の時間では、6つの考え方と3つの課題をとりあげました。そして、みなさんそれぞれに重視する考え方を選んでもらいました。重視する考え方が同じ人同士で固まりましょう。

生徒1 功利主義の人はこのへんに集まって〜。

生徒2 センの思想はこのへん。

生徒3 リベラリズムと、センの思想が人気だなぁ。先生、このグループは人数が多すぎるので、2つに分けてもいいですか？

先生： もちろん、いいですよ。そろそろグループができたようですね。みなさんのグループは、政党を念頭においたものです。政党とは、一定の政策を要約した綱領（こうりょう）を掲げ、その実現を国民に訴えて支持を得て政権の獲得を目指す政治集団のことです。政治上の主義、主張を同じくする人々がつくります。

根拠（思想）をもって政策づくり—173

展開③30分 •

先生：　それでは、自転車レーン、駐輪場、医療費の3つの課題について、それぞれの
　　　　思想を大切にしながらも多くの人に配慮して指示されやすい政策をつくってみ
　　　　ましょう。

生徒3　先生、区のもっと細かい政策を知りたいのですが。

先生：　この資料を各政党に配布します。政党ごとにみてくださいね。

配布物
・「平成29年度予算案の概要」
・「平成29年度予算案」
・「各駅周辺自転車等駐輪場整備等の方針」
・「○○区自転車等利用総合基本計画」
・「○○区人口ビジョン」
・「○○区政ファイル平成28年度版」
・「web資料○○区マップ」
・○○区の地図
・○○区報

生徒4　資料が多いなぁ。政党の中で、3つの政策を分担してつくろうよ。

生徒5　資料も分担して読もう。そうすれば一人あたりの負担は減るよ。

先生：　政策はA4の紙にまとめてくださいね。その際に、「提案の内容と手段」、「重
　　　　視する考え方」、「期限」、「数値目標」、「予算」、「財源」を明記することが大切
　　　　です。できるかぎり具体的にしないと政策になりませんよ。

生徒1　先生、うちの政党はリバタリアニズムを重視しているんですが、基本的に何も
　　　　しないんですが、どうすればいいですか？

先生：　リバタリアニズムの場合、どれくらいのお金が浮くのか計算をお願いします。
　　　　減税は可能でしょうか。浮いたお金で他の何かにお金を使うのでしょうか。そ
　　　　のあたりを考えてもらって、多くの支持を得られるような政策をつくってくだ
　　　　さい。

　　　　（生徒が政策を作る時間をとる）

先生：　では時間になりました。次回、政策を発表してもらいます。

〈 第3時 〉

展開④40分 •

先生： それでは、各政党で自分たちの政策を発表してもらいましょう。

生徒9 私たちの政党はこのような政策を作りました。

自転車関係大改造計画の提案

功利主義党

1 提案の趣旨
(1)簡易自転車レーンの設置（功利主義）
(2)テナントが入った地下1階地上5階の駐輪場（功利主義）
2 理由
　○○区では自転車の利用者がとても多く、自転車事故も年々増加している。2020年にむけて外国人が増加する中でこのような状況を見逃すわけにはいかない。そこで、私は功利主義にもとづいて以下の2点を訴えたい。
(1)簡易自転車レーンの設置
　利用者の多い道路、駅の近くに自転車レーンを設置することで、多くの人間がより安全に暮らせるようになる。予算は9,899万円。第一京浜、第二京浜、環状八号線の車道側に、色を塗るだけの簡易なレーンをつくる。
(2)駐輪場の無料化
　利用者の多い駅、○○駅、××駅に駐輪場を増設し、全て無料にする。これによって更なる駅利用者の増加と、街の活性化を伴い、区民の満足度を向上させる。今ある駐輪場とこれからつくる駐輪場を地下1階から5階まで建設し、地下1階から3階までを駐輪スペースとして確保し、4階と5階にテナントとしてファミレスや書店、百均などを誘致し、それらから得られる家賃収入で駐輪場の維持管理費、人件費を賄う。狭小地には、銀行ATMを複数設置し、利用しやすいようにする。予算は3億1,730万円。
　以上、2点の政策は一般会計予算から拠出する。

先生： なるほど、功利主義にもとづく主張ですね。では、次の政党お願いします。

生徒10 私たち共同体主義にもとづく政党は、このような政策を考えました。

根拠（思想）をもって政策づくり─175

未来の子どもたちのための提案

共同体主義党

1 提案の趣旨
 (1) VR による交通事故体験（共同体主義）
 (2)子どもの絵による不法駐輪の減少（共同体主義）
 (3)高校生の医療費を無料化するサイクル（共同体主義）
2 理由
　○○区に住む人のために○○区を安全にし、子どもがより育ちやすい環境をつ
くっていきたい。そのためには、次ような意識の改革が必要です。
 (1) VR による交通事故体験（共同体主義）
　目標は○○区にいる学生の交通事故を減らすことです。事故にあう人は周りに
対する注意力があまりありません。そのため、バーチャル体験と交通安全教室を
中学校や高校で開催します。交通安全教室によって事故現場を再現し、事故に対
する意識を改革します。次にバーチャル体験で事故にあう経験をしてもらいます。
これにより事故を起こしたくないという意識をつくります。さらに、バーチャル
体験という最新の機械を使って、子どもたちに科学について興味をもってもらい
ます。
　予算についてです。交通安全教室は、1回100万円かかり、○○区の公立中学
校と高校は36校あるので、誤差も含めて合計4,000万円です。バーチャル体験は
バーチャルゴーグルとバーチャル体験のソフト開発費とその他で約2,000万円で
す。よって合計6,000万円かかります。
 (2)子どもの絵による不法駐輪の減少（共同体主義）
　○○区の駐輪場は足りていません。そのため、○○駅周辺と××駅周辺につく
ります。そして○○駅と××駅周辺には、不法駐輪がとても多いのが現状です。
「子どもが不法駐輪について書いた絵」を不法駐輪の多い場所に貼ることにしま
す。大阪では、この政策で不法駐輪が90％減ったという報告があります。
　予算は、駐輪場の工事費が約7億円（平成27年度○○区予算案を参考にした）、
子どもの絵の政策は約500万円です。
 (3)高校生の医療費を無料にするサイクル（共同体主義）
　私たちは高校生の医療費を無料にしたいと考えています。しかし、今の○○区
の予算では無料にできません。そこで、「見積もりサイクル」をつくります。見
積もりサイクルは、3つのステップがあります。①高校生のいる家庭から毎年1
万円を○○区に渡す。②○○区の医療で使える予算と○○区に預けられた予算の
総額を医療に充てる。③高校生を無料で診断する。このサイクルで使える予算は、
○○区にいる高校生16,000人から集めた1億6,000万円、○○区からの予算2億

> 4,000万円合わせて4億円です。

先生： いいですね。では次の政党、お願いします。

（以下、全ての政党が発表）

先生： みなさんがつくった選挙広報をみせてください。

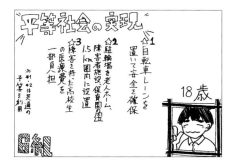

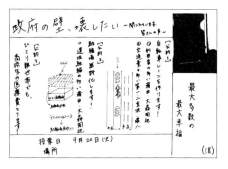

終結10分

先生： 今回は、3つの課題を6つの考え方を活用して考え、政策を作ってみました。今回の授業の前と後で、自分の考え方や社会を見る目に変化はありましたか？

生徒11　いろいろな考え方があることが分かってよかったです。だけど、必ずしも自分の考えをどれか一つに決めて考えなくてはならないということではないとも思います。人間なのだから、時と場合によって考えが変わるのは当たり前だし、「自分は〜主義だからこう考えなきゃいけない」と思う必要はないように感じます。大切なのは自分の主張を考え方によって明確にすることだと思うのですが。

先生： すごい意見ですね。まさにその通りですよね。生活すべてにおいて特定の考え

根拠（思想）をもって政策づくり—177

方に縛られる必要はありません。自分の考えを先哲の思想によって明確に自覚
でき、それに基づいて他者と議論できることが大切です。そのための先哲の思
想をいくつか習得しておくことが重要なことですよね。あとは、どうでしょう
か。

生徒12 この授業前は正直、区役所なんて暇なんだろうとか、税金の無駄遣いをしてい
るのでは、などと不信感をもっていましたが、区で行われてきた事業を調べてい
るうちに、私の知らないところでたくさんのことが行われることに気付きました。
他の区民のみなさんも、もし疑うようなことがあれば、自分の目で確かめて、知
ることが第一歩になることになると思います。

先生： とても大事なことだと思います。「知れば知るほど社会への信頼感が増す」「参
加すればするほど参加したくなる」ということでしょうか。社会への参画の重
要性を指摘してもらった気がします。
今回の授業でやったように、思想や概念などを活用して社会を考えると社会が
クリアに見えやすいのではないでしょうか。これからも思想や概念を使ってみ
てください。それでは、これで終わります。

注釈

① 行為の正しさや道徳性を、その行員が幸福（快楽・効用）をもたらすのに役立つかど
うかによって判断しようとする思想。

② 個人の自由を重視した上で、公正や平等を確保しようとする思想。ここでは、ロール
ズの正義の二原理を想定している。正義の二原理は、以下の通り。第一原理は、基本
的自由（政治的自由、言論の自由、思想・良心の自由など）は全員に平等に分配され
なければならないという「平等な自由の原理」。第二原理は、社会的・経済的不平等
は公正な機会均等が確保されたうえでなくてはならないという「公正な機会均等の原
理」と、競争によって生じる格差は最も不遇な人の利益を最大化するのに役立つもの
でなければならないという「格差原理」の二つからなる。

③ 個人の自由を最大限に認めるべきであり、政府による介入を最小限にするべきという
思想。ロールズのようなリベラリズムに対して、リバタリアニズムは個人の自由は不
可侵であり政府の権限はこの権利を保障することだけに限定されるべきと考える。

④ 正しさの判断は、それぞれの共同体における善（共通善）に依存する思想。個人の自

由や権利を重視して善に対して正義の優位を説くリベラリズムに対して、コミュニタリアニズムは共同体によって自己が規定されると考え共通善を超えるような正義はないと考える。

⑤ 第二波フェミニズムでは社会や文化そのものが包括する性差を問いなおす動きが進んだ。

⑥ センの思想の中心はケイパビリティという概念。ケイパビリティは、人が選択できる様々な機能の組み合わせで何ができるかという自由の範囲。様々な機能の中から選択すること自体が生きる上で重要な要素となり、選択肢から選択を行う人生こそ豊かなものと考える。

（小貫　篤）

主権者教育と倫理学習の結節点

　本事例は、地域の政策の在り方を生徒自身に考察させる授業であるが、それに止まるものではなく、その政策の在り方を規定する思想を踏まえることで、自身が提示した政策の「根拠」を学習することをねらいとした事例である。倫理はこれまで、「倫理思想史学習」として展開されてきたが、次期学習指導要領で新設される主権者教育を主眼とする「公共」の内容構成を考えると、従来の倫理学習もこのままで良いのか、といった疑問も出てくる。本事例は「主権者教育として倫理はどこまでを射程とすべきか」といった問いに対する答えを提示するものとなっている。本事例をきっかけに「主権者教育倫理」の在り方を考える機会にしたい。　（橋本康弘）

13 社会保障から主権者教育
～資料を読み取る～

経済分野　広義

授業難度：発展
授業科目：現代社会
　　　　　政治・経済
時 間 数：2時間

授業のコンセプト

1. 授業のねらい

①現在、年金や医療費などの社会保障費は、人口構成上も投票参加者も多い高齢者に向けられている。この世代間格差を是正するために、若者や現役世代が投票に参加することで得られるメリットを、経済の基礎概念から理解させる。

②年金や医療費などの経済的な格差ばかりでなく、人口構成の不均衡から生じる課題を乗り越える新たな選挙制度に気付かせる。

③個人と社会全体の課題など、一連の学びを通じて得た結果を活かして、投票に参加する意味を考えさせる。その意味で広義の主権者教育である。

2. 教材について

①この教材は公民科「現代社会」、「政治・経済」の授業を想定して作成しています。授業時間は2時間であり、その過程で個別の作業や討論する時間も含めます。学習内容を統計資料の分析だけに特化すれば、1時間程度でLHRや「総合的な学習の時間」でも実践可能です。

　ただし、授業展開の前提として、社会保障制度に関する中学レベルの知識が、備わっていることを想定しています。

②授業は生徒とやりとりしながらの講義, 個人ワーク、グループワークを通じて、ワークシートに書き込みさせながら展開させていきます。

③この授業で学ぶ、世代間格差や子どもの貧困を、どのように克服するかは選挙を通じて合意形成するはずです。しかし、現実には1票の格差や多数決の課題なども存在するので、生徒がこの授業で得た「決め方」への問いや学びから新たな授業に展開、発展可能となります。

授業 LIVE

〈 第1時 〉

導入10分

先生： 今日は、色々な資料から社会保障制度の現状や課題を学び、この問題点と課題を克服する視点を、選挙制度から考える授業を行います。
「ライフサイクルでみた社会保険及び保育・教育等サービスの給付と負担のイメージ」（厚生労働省資料）の資料を全員に配布します。このライフサイクルごとのサービスと、給付と負担の関係のグラフを見て、読み取れた内容を、まず各自でワークシートにまとめてください。各自でまとめた後グループごとにまとめ、改めて発表してもらいます。

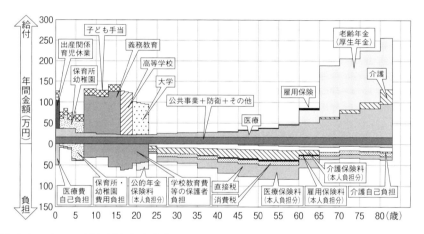

生徒1 なにこれ〜　ぜんぜんわからない！

先生： まず、上向き矢印と下向き矢印は何を示しているか読み取っていきましょう。グラフの単位はなにになっているかな？

生徒2 上向き矢印は「給付」と書いてあるから、もらえる医療サービスや年金などかな。下向き矢印は「負担」。つまり、保育や教育、年金給付に対し、いくら私たちが政府に支払うかを示しているのではないですか。

生徒1 単位は万円と書いてある。まとめられるかも……。

先生： もう一度グラフをみるヒントを出します。発言にあった通り、このグラフはラ

社会保障から主権者教育—181

イフサイクルごとの負担と給付をイメージ化・見える化したものです。世代ごとの給付と負担の割合を示していますが、具体的に何歳から何歳まで、どんな給付が多いのか。逆に何歳から何歳まで、どんな負担が多いのか読み取れますね。グラフから読み取れた負担と給付の具体的な内容を、これから5分間で ワークシート に各自まとめ、記入してください。

ワークシート ※年間金額単位は万円である

(1)(6歳〜18歳) まで (義務教育や高等学校) 向け給付が大変多い。その次に給付が多いのが子ども手当である。

(2)この6歳〜18歳までに、ほぼ毎年義務教育や高等学校向けに毎年 (100) 万円以上給付されている。

(3)私たちは支払えないから親 (=保護者) が負担する。

→例えば、学校教育費等の保護者負担は毎年 (25〜50) 万円程度である。

(4)多くの人が働き始める20歳前後から給付は (公共事業) や防衛のみで少額である。

(5)(2)の給付に対して、働き始めると毎年負担は (大きく) なる。

→この保険料の本人負担分に加えて、45歳前後から (直接税) の負担が多くなっている。

(6)(65) 歳以上への給付が階段のように増えて、(80万円) くらい、70歳代以上になると約 (200万円) くらいまで老齢年金(厚生年金)が給付される。でも、(負担) はほとんどない。

展開30分 ●

先生: では次に、この「ライフサイクルでみた社会保険及び保育・教育等サービスの給付と負担のイメージ」(厚生労働省資料)から個人で読み取れたことを、10分でグループごとに話し合っていきましょう。グループでは、各自の意見を聞いてまとめながら、分からない部分が出てきたら、発表の時に挙げてください。

グループ1

生徒1 公的年金保険料の本人負担分や医療保険料の本人負担分が、30歳くらいから毎年50万円程度ある。この公的年金って、老後にもらうお金だよね。この支払いは自分の老後のために払うのかしら?

生徒2 分からないところがあったら、後で先生に質問を出しなさいって言っていたよ。

生徒3 グラフを読んでみると人生前半、後半のどちらにも、給付が多いけど、このバランスは図としてみると、結構差が大きくない？　特に人生後半の70歳代の年齢になると、給付が子どもの時よりヤバいくらい多い……。

生徒2 確かに言われてみると差がヤバいよね。

グループ2

生徒1 義務教育費と高等学校への給付が多いね。なぜ働き始めると給付が少なくなるのかなぁ？

生徒2 だって働けば、それなりに収入があるからね。

生徒1 正社員だったら良いけど……。フリーターやバイトで働いている人は、こんなに給付が少なくて大丈夫なの……？　医療保険料や税金も支払わなければならないし……。

生徒2 年取ると、ほとんど負担もしてないな。でも、年取ると働けなくなるからかな？　だから、負担に比べて給付が圧倒的に多いのかなぁ……。

生徒3 今80歳のウチのじいさんの時代は60歳になると、定年だったらしいけど。ウチのおばさんは62歳なのに、高校で英語の先生をまだやっているぜ。何歳が定年なんだろう？

先生：　結構議論が進んだみたいですね。各グループで話し合った内容を発表してください。疑問点もあったら、出してください。

生徒3 グループ1ですが、負担が30歳くらいから毎年50万円程度あることが読み取れます。この公的年金って老後にもらうお金ですよね。この支払いは自分の老後のために払うのですか？

生徒3 グループ2では働き始める20歳代くらいから給付が少なくなって、負担が多くなっているように読み取れました。なぜ働き始めると給付が少なくなるのですか？　働けば、それなりに収入があるからだという意見がありましたが、フリーターやバイトで働いている人だと、こんなに給付が少なくて大丈夫なのですか？　医療保険料や税金も支払わなければならないし……。

先生：　よく読み取れているね。みんなも気づいているように、注目してほしい世代があります。多くの人が働き始める20歳前後から60歳くらいまでと、それ以外の

社会保障から主権者教育─183

世代の特徴です。社会保障制度への課題もみえてきますね。

生徒1　グループ3ですが20歳〜60歳までの世代は負担に対して、給付がほとんどありません。負担は40歳くらいから税金や保険料を中心に、さらに増えています。給付面は医療だけで、負担ばかりです。

先生：　働き盛りの世代と、それ以外の世代間とで、負担と給付の差を学ぶ前に、グループごとの話し合いの過程で出てきた疑問点を考えてみます。
　　　　ワークシートに言葉を入れながら、理解していきましょう。

ワークシート

(1)公的年金制度は（　　現役世代　　）の保険料の本人負担分に依存した社会保障システムである。

(2)日本の公的年金制度は（　　賦課　　）方式で運営されている。

(3)賦課方式…公的年金は、基本的に（　　現役世代　　）の保険料負担で、今の高齢世代を支える（　　世代間扶養　　）のしくみで運営されている。

先生：　ワークシートに記入して分かったように、自分の年金のために保険料を負担（支払い）しているわけではありません。今ワークシートで学んだ賦課方式に対して、自分の老後の年金のために、負担する年金制度を積立方式と言います。この2つの年金制度には、それぞれよい点と課題が存在するので、どちらがよいかとは言い切れないのが現状です。

生徒1　え〜〜。

先生：　働き始めると給付が少なくなる理由ですが、グループ1で出ていたように、働けば、それなりに収入があるからとも言えますね。しかし、フリーターやアルバイトのような非正規雇用で働いている人だと、支払い負担が大きく、給付が少ないと、そもそも医療や年金への保険料や税金も支払えなくなる現状も出てきそうですね。
　　　　日本の年金制度には、働いていた仕事によっていくつかの年金制度が異なるのです。これについては別単元で学びましょう。
　　　　次に、「世代間格差とは何か」を定義します。その前に世代から定義しましょう。世代とは、何が同じなのでしょうか。私は今年で53歳になるので、前の東京五輪は全く記憶がありません。何せ生まれたばかりでしたから。

(生徒2) 世代とは生まれた年や、成長していく時期がほぼ同じ人たちです。

(生徒3) だから考え方や生活様式が共通した人々です。今50代前半の人は、先生と同じ考え方や生活様式なのでしょう。

先生： では、「ライフサイクルでみた社会保険及び保育・教育等サービスの給付と負担のイメージ」から、みんなが読み取った、世代で最も有利な給付を受けているのは何歳以降でしょうか。

(生徒全員) 70歳代以上です。

先生： では、なぜ70歳代以上が有利な給付を受けて、それ以外の世代は不利なのでしょうか？

(生徒1) 先生、確かに20歳前後から働く世代は負担が多く、給付が少ないけど義務教育から高等学校卒業までは、結構給付が多いです。

先生： その通りですね。有利な給付を受ける2つの世代に共通する点は？

(生徒全員) 働いていない点です。

先生： そうですね。2つの世代とも働いていませんね。高齢者に比べれば現役で働く世代は負担があります。負担の例としては、税や保険料の本人負担分があります。一方で、義務教育から高等学校卒業くらいまでは働かない状態が続くのは、今後の日本でも変わらないでしょう。次に、今の高齢者に比べて現役世代がなぜ恵まれないのでしょうか。右の資料や他のデータなどからも読み取ってみましょう。

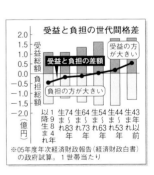

(生徒1) 以前、戦後日本経済史の単元で、日本の1950年代から60年代にかけて高度経済成長したことを学びました。雇用の面でも、いまの世代はフリーターやバイトなど非正規雇用が増えていて、そのための問題点や生活の難しさを話し合っていました。

社会保障から主権者教育―185

先生： さらに、統計で確認してみましょう。配布した統計資料のプリント（右の）「高齢者向け、子ども家族向け社会保障費用の比較」を見て読み取れることを言って下さい。その後 ワークシート に記入してみて下さい。

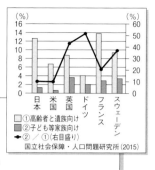

ワークシート

(1) 高齢者と遺族向け支出は（　12%　）を超えている。
(2) 一方、家族、子ども向け支出は約（　1％　）である。
(3) 家族向け支出とは、出産・育児費や子ども手当などである。
(4) 統計資料にある他国と比較してみると、日本とアメリカは（　最低水準　）にある。

先生： この読み取りと同様に、「ライフサイクルでみた給付と負担のイメージ」でも、子ども等家族向け支出と、高齢者向けの世代ごとの受益（給付）と負担の違いを世代間格差と呼びます。
では、なぜ日本に世代間格差が起こるのでしょうか。次に、世代間格差をもたらした要因を、各自考えて ワークシート に記入してください。

ワークシート

(1) 日本の人口は（　減少　）し続けている→その結果生産年齢人口も減少している。
(2) （　現役世代　）に依存した社会保障制度となっている。
(3) 公的年金や医療制度を充実させるために、安易に（　国債　）発行を継続。
(4) 1990年代以降から（　低成長　）が続いている。
以上、4点が世代間格差が起こる要因です。

まとめ10分

先生： 今日の1時間の授業で分かった内容、さらに考えてみたいこと、ちょっと分からない点をグループで話し合って発表してください！

生徒1　働く世代と働かない世代と、給付と負担の格差があることは図や統計資料を読んでいく過程からわかりました。でも、子どももお年寄りも働けないのは同じなのに、なぜこんなに給付の差があるのだろう。

生徒2　子どもはともかく、20歳から働くとこんなにも給付が少ない事実がよく読み取れました。けど、正社員ならまだしも、フリーターやバイトで生活するとなると、将来の年金のためや医療への保険料だと言われても、支払えなくなります。そんな苦しい時どうすれば良いのでしょうか？

生徒3　高齢者は働けないから、年金が必要であると今回学んだけど、高齢者は本当に生活のための年金が必要なのでしょうか。旅行や買い物をたくさんしているとニュースなどでよく聞くし、家族向け支出と遺族高齢者向け支出が1％対12％なんて、差が違いすぎる。

生徒4　高齢社会が進行し増え続ける医療費とか年金とか給付する際、国債を発行するしか方法はないのかなぁ。国債って借金だから、ますます私たちやこれから生まれてくる世代に負担のしわ寄せがいくなんて……考えられない。将来大きな増税がありそうで怖い。

生徒5　社会の制度や負担のあり方、給付を決めるのは、最初に先生がちょっと言っていたけど、政治家で、決めるのは選挙でしかできないと思う。しかし人口が少ない私たち若者が選挙意欲が上がるのか不安になってきました。

先生：　今日の1時間の授業で分かった内容、さらに考えてみたいこと、ちょっと分からない点として、次のような意見や疑問点、課題が出てきました。1点目は、子ども、お年寄りも働けないのは同じなのに、なぜこんなに負担と給付の差があるのかです。2点目は、正社員ならまだしも、フリーターやバイトで生活するはめになったら、年金や医療への保険料を支払えなくなるという意見です。3点目として、豊かにみえる高齢者は本当に年金が必要なのかという意見です。4点目は、国債は借金だから、ますます私たちやこれから生まれてくる世代に負担が生じないのかという点です。5点目は、人口比の割合が少ない若者が選挙に行く意欲が上がるのか、という意見も出てきました。

　　　　民主主義はみんなのための理念です。今仮に世代間格差が存在するとしても、この格差を嘆いても何も変わらないので、一人でも多くの人が制度や負担と給付について合意するためには、政府や政治家が出す政策をよく聞きながら、投票する必要があるのではないでしょうか。次の時間は、今皆さんから出てきた意見や新たな問い、乗り越えるべき課題を取り上げながら、選挙制度についても考えてみましょう。

社会保障から主権者教育―187

〈 第2時 〉

導入10分

先生： 前回の授業のまとめで社会の制度や負担のあり方、給付を決めるのは政治家であり、決めるのは選挙でしかできないという意見が出されました。人口の25%以上が65歳以上の人たちであるという事実もあります。この人口が多い高齢世代と少ない現役世代の人口の差は、負担と給付の格差から生じる世代間格差と同じ現象だとも考えられます。

では、今日の授業ではまず世代ごとの人口構成をみていきます。「将来推計人口」を各自読み取り、 ワークシート に記入してください。

ワークシート

(1) 0歳～19歳までの人口は1980年代をピークに（　減少　）している。
(2) 65歳～74歳までと75歳以上とを合わせた人口は、2010年代から年々（　増加　）している。
(3) 将来推計だが2050年代以降、65歳～74歳までと75歳以上とを合わせた人口は、ほとんど（　変化　）していない。

先生： この読み取り作業から、有権者人口も推測できますよね。さらに、詳細に有権者人口をみていきましょう。では、統計資料から現在の有権者人口を確認してみましょう。配布した統計資料（右下の）「有権者の人口構成」の円グラフを見てください。この統計は最新の国勢調査をもとに作成された有権者の人口比です。資料をみて ワークシート に記入にしてください。

ワークシート

(1) 18、19歳は約（　230　）万人
(2) 20歳代は約（　1260　）万人
(3) 30歳代は約（　1540　）万人
(4) 40歳代は約（　1830　）万人
(5) 60歳代以上は約（　4180　）万人
(6) (1)+(2)+(3)：（　3030　）万人

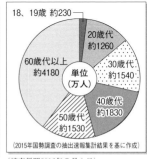

（読売新聞2016年7月1日）

生徒全員　わぁ、10代から30歳代まで、全員が投票しても60歳代にかなわない！

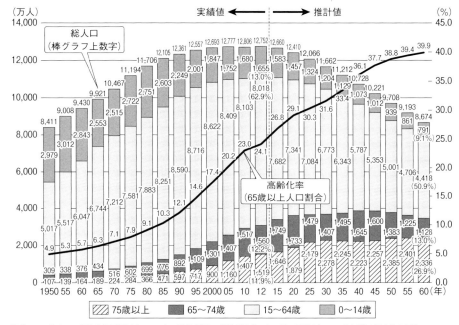

資料：2010年までは総務省「国勢調査」、2012年は総務省「人口推計」（平成24年10月1日現在）、2015年以降は国立社会保障・人口問題研究所「日本の将来推計人口（平成24年1月推計）」の出生中位・死亡中位仮定による推計結果
（注）1950年～2010年の総数は年齢不詳を含む。高齢化率の算出には分母から年齢不詳を除いている。

展開25分

先生： ここで、現在の選挙制度についてどんな問題点があるか、考えてみましょう。グループごとにいくつか話し合う課題をあげます。

まず、選挙制度自体の課題です。ヒントを2点挙げます。第1に、選挙区により1票の価値はどうでしょうか。もし、選挙制度が分からなければ、教科書や資料集を調べる場所を指示します。第2に、被選挙権や、現在国や地方の議会で活躍する議員の年齢や性別について考えてみてください。

次に、候補者自体の課題を考えましょう。私たちは、本当に候補者の政策や人柄などを理解しているでしょうか。

最後に、選挙のやり方はどうでしょうか。日本ではどのように選挙がおこなわれていますか。最近の参院選選挙や知事選挙などの選挙運動を思い出して考えてみてください。

社会保障から主権者教育—189

グループ1

生徒1 1票の価値が大都市と地方で価値が違いすぎる。衆議院議員選挙では約2倍くらいあるとニュースで聞いた。参議院では、衆議院より、さらに大きく1票の価値に格差があり、最大約5倍くらいあると中学の公民で学習した記憶がある。

生徒2 ウチの親が前回の2012年の衆議院議員選挙では、与党より野党のほうが票数が多いと以前話してしたよ。これじゃあ、有権者の構成比は高齢者が多いし、どんな選挙制度が平等なのか、全然わからなくなった。

生徒3 候補者も若い人や、女性はあまり見たことがない。授業では、被選挙権年齢は衆議院議員で25歳以上、参議院議員では30歳と、毎回学んでいるけど。

グループ2

生徒1 先生がいつもブツブツ言っているから、年金や医療などの経済面はともかく、安全保障などの政策だって、防衛費をどうしたら良いのだろうとか、大人も分からない場合があるじゃん。加えてどの候補者に投票してよいか、まったくよく分からないよ。選挙になるとポスターをよく見ているけど、これに全然具体的な政策が書かれていない。何かさ、「日本を元気に！」や「ガッツ！」とかしか書かれてないから投票先の決め方がわからない。

生徒2 公約や政策提案もよく似ている。選挙の時期になると、景気を良くしますとか、デフレ脱却で賃上げとかばかり。負担や憲法改正などの問題なんて、ほとんど出てこない。

先生： 投票に出かける意欲を上げるための授業をしているのに、みんなの意見や討論を聞いていると、今後あまり多くの若者が投票に参加することになりませんね。しかし、選挙のやり方や問題点、候補者自身の問題を改めて考え、議論してみると課題が明らかになりました。今回みんなから出てきた「決め方」などの多数決や1票の格差の課題、候補者選択の方法など、「決め方の決め方」などについては、政治単元で改めてモデルを用いて学びます。
さて、若者や現役世代が投票に出かける意欲を上げる選挙の方法を考えた経済学者がいます。

> **世代別選挙区**
>
> 　若者や現役世代が投票に行くインセンティブを上げるために、若者や現役世代の利益を代表する改革として、経済学者から提案されました。
>
> 　世代別選挙とは、現在の住所による選挙区から、年齢（世代）による選挙です。次の3つの年齢（世代）に分けて実施する選挙制度です。
>
> 青年区（20、30歳代　構成比32.5%）、
>
> 中年区（40、50歳代構成比32.7%）
>
> 老年区（60歳代〜構成比34.9%）、
>
> この3世代に分けて、議員数を割り振るしくみです。
>
> 　　　　　（井堀利宏『消費増税は、なぜ経済学的に正しいのか』ダイヤモンド社）

先生：　ここまで、世代別選挙のしくみは分かりましたか？

[生徒3] これ良いじゃん。だって青年区と中年区、老年区も含めて、ほとんど議員の数が変わらないんじゃん？

先生：　なぜそんなことが言えるのかな？

[生徒3] 有権者の人口は約1億人なんですよね。これをもとに、だぶん先生は各世代の議席数を計算したんじゃないですか。

先生：　バレたかぁ。モデルはすこし古くて、議員数も現在の選挙制度と異なりますが、計算してみて下さい。最も多い老年区と最も少ない青年区では議席の差はどうですか？

ワークシート

衆議院定数481		議席数	構成比
（　　老年区　　）（＝60代以上）		168	34.9%
（　　中年区　　）（＝40〜50代）		157	32.7%
（　　青年区　　）（＝20〜30代）		156	32.5%

（2009年度に有権者の構成比から世代別選挙区を導入した場合の議席配分）

[生徒1] これはオレでもわかる、差が12議席しかないね。ふと思ったのだけど、この世代制選挙のしくみだと、予め議席が割り振られるワケだよね。オレが棄権したとしても、ちゃんとオレより政策が分かるヤツらがたくさん青年区向けに投票してくれれば、他の世代の議員さんたちも、若者向けの政策を多く出しそうじゃな

社会保障から主権者教育―191

い？　投票に行かなくてもオレは得してしまうみたいな……。

先生：　投票に参加するインセンティブがないのはねぇ……。でも、よく気付いたね。選挙制度で一番の課題とされる「1票の格差」問題は、この世代別選挙では、議席数が世代（年齢）ごとに割り振られるので、起きません。この選挙制度だと、313人の候補者が50代以下の代表です。仮に、若い人や現役世代が投票に参加しなくても、予め議員が割り振られているので、高齢者向けばかりの政策が決定されることはまず考えられません。他に気付いたことはありませんか？

(生徒2)　今の高齢者は有権者の人口比において多いので、若者や現役世代に利益がある世代別選挙制度に賛成するかなぁ？　今良い老後生活ができている人が多いのに、私だったら、賛成できないかも。

(生徒4)　現職の国会議員も、落選覚悟で、投票率高い高齢者の反対を押し切って、この世代別選挙を導入するとは考えられないよ。人間はなかなか利他的になれないのが現実だし。

(生徒1)　この世代別選挙のしくみは、国や世代全体の利害を調整するにはとても良い選挙制度かもしれないね。だって、それぞれの世代に「ここにお金使ってほしい」とか、逆に「この予算はまだ削ってこっちに回してほしい」とか政治家がバトルしあうように調整できる予感がする。その政治バトルを新聞やテレビで流すと、より投票したい候補者も選択できるかもしれません。

先生：　良い議論ができました。
最後に、授業のまとめとして、改めて投票に参加するとは、「現在と未来への選択」である大前提に立ち返って考えてみます。

まとめ10分 ••••••••••••••••••••••••••••••••••••••

ワークシート

①ミクロ（個人）とマクロ（社会全体）は（　　分けて　　）考えよう！
　(1)生活保護受給者が一番多いのは（　高齢者　）
　(2)保護者の年収が122万円以下の子どもが日本に（　13.9　）％もいる！
　⇒多数の高齢者　VS　少数の子ども→利害対立だけでは解決できない
②持続可能な社会保障制度を作り上げるには？
　(1)世代間格差を嘆いても解決にはならない

⇒まずは若者や現役世代は（　　選挙　　）に行く

→若者や現役世代向けを政策決定する政治家を増やす

⑵次に、高齢者や若者などすべての世代にお願いしたいこと

：（　　世代内　　）の分かち合いと支え合い

③⑴⑵を（　　調整　　）するのは誰？→その方法は？：（　　選挙　　）！

先生： 投票に行くこととは「現在と未来への自分なりの選択」をすることです。今回の2時間授業のまとめましょう。

まず、ミクロ（1人の個人）とマクロ（社会全体）は分けて考える思考法を身につけてください。実は、富裕層は高齢者が多数（マクロ）を占め、平均貯蓄額も統計上多いはずなのに、生活保護受給者（ミクロ）が一番多いのは高齢者なのです。一概に高齢者は裕福とは言えません。高齢者世代（マクロ）や若い世代にお願いしたいことは、世代内の経済的な分かち合いや社会的な支え合いを進める視点です。年金は必ず全額貰うものだと決めつけるのではなく、収入や資産に応じて負担の分かち合いを社会全体（マクロ）で合意形成していく視点が必要です。

次に、保護者の年収（ミクロ）が122万円以下の子どもたちが日本に13.9％もいるという事実があります。多数の高齢者対、少数の子どもとで利害対立をするのではなく、持続可能な社会保障制度を作り上げるにはどうすれば良いのか、これを投票に出かけながら（ミクロ）考えてみてください。世代間格差や子どもの貧困を嘆いても解決にはなりません。

有権者の構成比では高齢者にかなわないと分かっていても、若者や現役世代は選挙に行く姿勢が求められています。若者や現役世代向けに政策決定や政治的な利害を調整する政治家を1人でも多く増やすことが現在と将来の選択となります。では、若者や現役世代は、有権者の構成比上ではメリットがないのに、なぜ私たちは投票に行かなければならないのか、5分間でグループで討論してください。この討論を受けて次の授業で学びたいことを、次回まで書いておいてください。

（杉田孝之）

14 投票行動　広義

18歳の君へ
地歴公民コラボ授業

授業難度：発展
授業科目：地歴科/公民科
時　間　数：１時間

授業のコンセプト

1. 授業のねらい

①「政治的無関心」について、歴史的事項から複層的に考察させ、政治参加の意義について総合的に考える力を身に付ける。

②自らの判断で行動する生徒を育て、政治に関心を持ち、一人でも多くの生徒が選挙に行き、意思決定をすることができる。

2. 教材について

①高校３年生レベルで、世界史または日本史、あるいはその両方を履修していることが前提となります。

②５～６人を１グループとして、その中に世界史選択者と日本史選択者が混在するようにします。

③世界史あるいは日本史の授業で既習した内容を互いに教え合うアクティブ・ラーニングの場面が数度あります。

④生徒の生の声を授業に活かすため、事前に政治的な話題についてワークシートに意見を書かせておくと良い。

⑤アクティブ・ラーニングのための資料として、ワークシートを宿題として準備させておくことも可能です。世界史選択者には、「ワイマール憲法について」「ミュンヘン一揆以前のドイツの状況」「ヒトラーの合法的政権獲得過程」「政権獲得後のナチスの政策」などです。日本史選択者は、「国家総動員法」「大政翼賛会」などです。いずれも、既習事項を整理させておくと教え合いの際、活用できます。

⑥導入として、そのときの政治に関する時事問題を扱います。話題は、選挙、国民投票、住民投票などの民意の表れなど、政治についての意思決定に関するものがいいでしょう。日本に限らず、他国の事例でももちろんかまいません。

⑦この授業は、グループワーク形式で、パワーポイントを使いながら進行していくものですが、シートに出てくる先生の意見などは適宜変更可能です。

授業 LIVE

導入10分

公民先生： 18歳選挙権が実現した今年、みんなは主権者となりました。みんなが一人でも多く政治に関心を持ち、「選挙に行き意思決定をする」のをサポートする授業をしたいと思います。なんと、世界史の先生と公民の私がそれぞれの視点を組み合わせて授業をします。

地歴先生： 世界史の担当です。今日はこれから主権者として政治への意思を示すことができるようになったみんなに魂の授業をします！　どうぞ期待してください！

公民先生： どんな授業になるでしょう？　まずは、投票率について聞きます。今回の参議院議員選挙での18歳の投票率はずばりどれくらいだったでしょうか？　まずは、年代別の投票率推移を見てみましょう ▶PP1 。

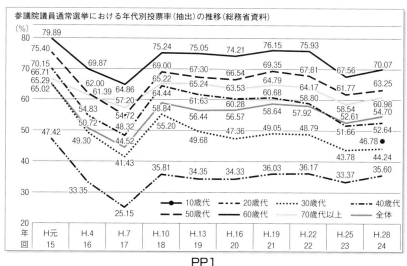

PP1

生徒1　若者の投票率は低いとは聞いたことがありますが、20歳代は極端に低いですね。

生徒2　18歳は40％くらいでしょうか。

生徒3　50％！

18歳の君へ—195

公民先生：このなかで選挙権を行使した人は？（たくさんの手が挙がる）本校の生徒は関心が高いようですね。では見てみましょう。18歳の投票率は51.28%でした。この数字を低いと見るか高いと見るか、どのように見たらよいかこれから考えていきましょう ▶PP2。

投票率	あなたは選挙に行きましたか？
	第24回参議院議員通常選挙 2016年7月10日実施
18歳	51.28%
19歳	42.30%
20歳代	35.60%
全体	54.70%

PP2

展開40分 •

公民先生：まずは、今年（2016年）、政治に関心を持った事例として思い浮かべることについて、5〜6人一組のグループで話し合ってみましょう！（1分間）では、何人かに発表してもらいましょう ▶PP3。

> 今年、政治に関心を持った事例として思い浮かべることについて話し合ってみよう！

PP3

〔生徒1〕伊勢志摩サミットがありました！

〔生徒2〕小池東京都知事の誕生！

〔生徒3〕トランプ大統領誕生ですかね！

公民先生：そうですね、とくにまさかと思った事例としては、トランプ大統領の誕生でしょうか。まさかといえば、そういえば他にもありましたね。

〔生徒1〕イギリスの EU 離脱を決めた国民投票ですか！

公民先生：そうですね、双方とも民主主義の国においての出来事でしたね。では、この2つの投票結果、つまり民意の表れ方について、何か共通点はありますか？
再びグループで話し合ってみましょう！（3分間）
では、何人かに発表してもらいましょう ▶PP4。

> この2つの投票結果、つまり民意の表れ方について、何か共通点はありますか？

PP4

〔生徒1〕都市部と地方での考え方の違いが表れました。

〔生徒2〕若者と高齢者の投票行動に違いがあったと思います。

地歴先生：ここで、以前私の世界史の授業で、イギリスの EU 離脱の国民投票の結果をみて書いてもらった文章を見てもらいましょう。2度の世界大戦から EU 発足にいたる歴史を学習したことをふまえて感想を書いてもらいましたね。では、パワーポイントを見てください。

生徒1　"我が身が一番"と"昔の方がよかった"の二つの歪んだ考えが問題である……自国が一番で過去の栄華を大切にするのは日本にもあり、どの国にもあると思う。けれども、それに囚われすぎてはいけないと思う。その思いが国と国とのつながりをなくし、遂には戦争といったことも引き起こされてしまうかもしれない。この二つの歪んだ考え方は、アメリカのトランプ氏のアメリカ至上主義の考えに似ているところがあると思う。

生徒2　私が注目したいのは……国民投票の投票率である……18〜24歳が38％、65歳以上は83％となっている。若者が、高齢者が若者の未来を奪ったと言っている……未来を背負うのはその若者たちなのだから、投票に参加しなくては意味がないと私は思う。……たった一つの国がEUから離脱する、という簡単な問題ではない。この離脱によって世界経済は大きく変動し、日本にもその影響は及ぶだろう。しかも、その決定はほぼ高齢者層の支持によって決まったものである。

地歴先生： すばらしい視点ですね。トランプ大統領の誕生を予想していたかのような文章もありましたね。鋭いですね！

公民先生： イギリスの場合は、若年層の低投票率がこうした結果をもたらしてしまったとも言えるのですね。それでは、政治に関心を持つということの重要性について、これから歴史上の出来事から学んでみましょう！　先生お願いします。

地歴先生： 以前「憲法はある日気がついたら、ワイマール憲法が変わって、ナチス憲法に変わってたんですよ。」と発言した政治家がいましたね。ワイマール憲法とはどのような憲法でしたか？　世界史選択者は、ワイマール憲法について日本史選択者に教えましょう！（3分間）▶PP5

世界史選択者は、"ワイマール憲法について"日本史選択者に教えましょう！

PP5

生徒1 （世界史選択者）労働者の権利が認められたり、生存権が規定されたり民主的な憲法だったんだよ。でも、一方で大統領の権限が強かった部分もあるんだよね。

生徒2 （日本史選択者）へえ、生存権って、日本では戦後初めて憲法で規定されたんだよね。

18歳の君へ——197

生徒3 (世界史選択者) 人民主権をうたってもいたよね。そうだ男女普通選挙制の導入も入っていたな。公共の福祉による財産権の制限という項目もあった！

生徒4 (日本史選択者) それも、日本国憲法で初めて規定されたよね！ 進んでいたんだね、ドイツは！

地歴先生：そうだね。じゃあ、ワイマール憲法について少し解説しますね ▶PP6。
では次に、民主的な憲法の下で、ヒトラーはどのようにして政権を獲得したのでしょうか？ ミュンヘン一揆の失敗から路線を変更して合法的戦術に転じていった過程について、世界史選択者は日本史選択者に教えましょう！
とくに、「ミュンヘン一揆以前のドイツの置かれていた状況」「ヒトラーの合法的戦術」「政権獲得の過程」の3段階を意識して説明してくださいね。(3分間)

```
ヒトラー出現の背景について世界史の人は教えよう！
1
1923年　ミュンヘン一揆の失敗
1929年　世界恐慌により、経済が壊滅的な状況
　　　　ドイツ国民はこの苦境から救済してくれる
　　　　強いリーダーを求める
ヒトラー合法的戦術主張
2
　　　　↓
政権獲得の過程
3
```
PP6

生徒1 (世界史選択者) ミュンヘン一揆前だけど、ドイツは第一次世界大戦で敗戦し、多額の賠償金を課せられたんだよ。ヒトラーは、ドイツ労働者党を国民社会主義ドイツ労働者党、つまりナチ党と改称したんだ。

生徒2 (日本史選択者) ナチスのことだよね。ミュンヘン一揆って何が起こったの？

生徒3 (世界史選択者) ヒトラーたちによるクーデターだよ。力で政権を奪おうとしたんだ。でも、失敗したから国民の支持を得るには合法的戦術によらなければと方針転換したんじゃなかったかな。さらに、1929年には世界恐慌が起こり、経済は壊滅的な状況だったんだ。そんなときに、ドイツ国民は苦境から救済してくれる強いリーダーを求めたんだ。

生徒4 (世界史選択者) ヒトラーは選挙に勝利して政権獲得を目指したんだ。ドイツを苦境に追い込んだヴェルサイユ条約の破棄や、反ユダヤ、反共産主義を掲げて国民の不満を背景に支持を集めたんだ。

生徒5 (世界史選択者) ヒトラーは巧みな演説で大衆の熱狂的な支持をつかんだんだ。一方で、国会議事堂放火事件を契機に台頭してきた共産主義勢力をつぶして、全

　権委任法を制定しワイマール憲法を停止して、一党独裁体制を確立していったんだよ。

[生徒6]（日本史選択者）ワイマール憲法という最も民主的な憲法を持ちながら、どうしてそうなっちゃったんだろう。国民の普通選挙権も実現していたんだよね。そこが、当時の日本で軍部が政権を握っていく過程と違うところじゃないかな。

地歴先生：そうだね。少しおさらいしてみよう。（パワポ資料を使って説明）プロパガンダによって支持を集める、国民の耳に聞こえのいい政策を打ち出したり、アウトバーンの建設のような、大規模な公共事業により雇用を創出して経済を立て直し、政権を盤石にしていったんだね。

公民先生：日本史選択者が気づいたけれど、普通選挙が実現していたから国民がそうした意志表示をしたということなんだよね。一党独裁体制時の国民投票の投票率が95.7％、しかも賛成が89.9％というのは驚きですね。一部の地方山村では、投票率も賛成票も100％ということもあったようですね。

地歴先生：ですが、市民生活を秘密国家警察（ゲシュタポ）によって監視させ、恐怖政治を行ってもいました。国民は参政権を行使し、ナチ党を支持したんですね。では公民先生、この時代のドイツ国民について、どういった分析ができるかお話ししてください。

公民先生：はい。みんなに聞きます。当時民主主義が実現していた社会で、政治的な力、つまり参政権を持つ大勢の人々を何というか、現代社会で勉強しましたね？

18歳の君へ—199

生徒1 一般人？

生徒2 一般大衆？

公民先生： そうですね、大衆ですね。「大衆社会」「大衆民主主義」という用語を勉強していますね。人々は自由を獲得し、政治参加も可能になったのに、政治的な自由に不安を抱く大衆心理を分析した学者がいました。誰でしたか？

生徒1 うーん。誰だったかな？　ここまで出ているんだけど……。

生徒2 フロム？

公民先生： そうだね、エーリッヒ・フロムだね。『自由からの逃走』という著書で分析していますね。1941年ですよ。さらに、アドルノという学者は、当時の人々から「権威主義的パーソナリティ」という気質を見出していました。権威ある者への服従と弱者への攻撃という特徴があります。今の欧米の状況に似ているねえ ▶PP7。

```
大衆社会の登場
（大衆民主主義）

・封建的束縛からの解放→自由獲得
 →不安
・「自由からの逃走」1941年
・エーリッヒ・フロム
・"権威的パーソナリティ"
・テオドール・アドルノ
・権威ある者への服従と弱者への攻
 撃
```

PP7

地歴先生： 日本史選択者の皆さん、お待たせしました。次に、当時の日本の状況、つまり「国家総動員法」から「大政翼賛会」への流れについて、日本史選択者は世界史選択者に教えましょう！（3分間）▶PP8

```
「国家総動員法」から「大政翼賛会」
への流れについて、日本史選択者は
世界史選択者に教えましょう！
```

PP8

生徒1 （日本史選択者）1938年に制定された国家総動員法では、政府は議会の承認なしに戦争遂行に必要な物資や労働力を動員できたんだよ。

生徒2 （世界史選択者）議会の承認を必要としないというと、なんかナチ党による、全権委任法と同じ状況だなあ。

生徒3 （日本史選択者）そうそう！　近衛文麿が中心となって推進した、ナチ党を模した政治体制を樹立し全国民の戦争協力への動員を目指す革新運動、いわゆる新体制運動なども起こったんだよ。

生徒4 （日本史選択者）さらに、1940年には新体制運動の中心組織である大政翼賛会が成立し、政党を解散させて挙国一致で戦争に協力させるための一党独裁体制が敷かれたんだ。

生徒5 （世界史選択者）えー！　ヒトラーのナチ党とやってることが同じじゃないか！

地歴先生： 大政翼賛会では、隣組や町内会を傘下に置き、国民生活を統制したんだね。隣組というのは、例えば、空襲に備えて隣組で防空訓練をするんだけど、参加しないと、「非国民」と呼ばれたんだ。隣組は「近所で助け合いしましょう」という意味もある半面、お互いを監視しあうという面もあったんだ。

公民先生： では、これらの歴史的事例から現代社会を見つめ直してみましょう！　ここでまた、以前の世界史の授業で書いてもらった文章を見てもらいましょう。

> 生徒3　経済の低迷、格差の拡大、移民問題、テロリズムの台頭などで社会不満が増大している今、人々の不満につけ込んで扇動政治家たちは容易に支持を集めることができる。しかし、彼らが人々の支持を集めているからといって、彼らが問題を解決できるとは言えまい。彼らが示す解決策は、人々の支持を集めるための表面的なものであり、問題はもっと複雑だからだ。……イギリスの EU離脱やアメリカでのトランプ氏の台頭、その他ヨーロッパ諸国でのポピュリズム台頭を招いたのだ。

> 生徒4　ポピュリズムの台頭は、資本主義の欠陥と表裏一体のような気がしてくる。なぜなら、彼らの支持層の多くは資本主義の生んだ格差で貧困に追いやられている人々だからだ。1930年代の世界恐慌とファシズムの台頭が、現在の状況と重なるところがあるようで、不安を感じずにはいられない。……世界情勢が不安定で、我が身だけを守ろうと思いたくなるような時こそ、我々は協調的な姿勢を守らなければならない。一人ひとりが理性を持って感情に流されないようにしなければならない。そのことは、歴史が十分証明していることだ。

公民先生： なかなか鋭い指摘だね。とくに、ポピュリズムについては少し解説しておきましょう ▶PP9。ポピュリズムは、大衆迎合主義などと訳されることが多いね。政治的な意味では、人々つまり大衆の感情に訴え熱狂的な支持を得るという手法に特徴があるんだね。私は、実は現代においては、これと表裏一体となっているのが政治的無関心だと思うんだ

ポピュリズムと政治的無関心

・世論操作とポピュリズム（大衆迎合主義）
　　　　　↓
　感情に訴え熱狂的な支持を得る

・政治的無関心（アパシー）＝現代型無関心
　　　　　↓　　デイビッド・リースマン
　政治の複雑化…国民の無力感

PP9

18歳の君へ―201

よね。政治の複雑化と、どうせ変わらないんだからという国民の無力感が背景にあるね。このような政治的無関心を現代型無関心というんだね。誰が言ったっけ？

生徒1 えーと……。

公民先生： リースマン。覚えていたかな？

生徒1 あー、そうだった！

公民先生： このデータを見てください。これは、総務省のデータですが「私個人の力では、政府の決定に影響を与えられない」という問いに日本の若者の答えは、「全くそう思う」と「そう思う」を足して何と80.7%です ▶PP10 。

> **なぜ、若者の投票率が低いのか？**
> ・「私個人の力では、政府の決定に影響を与えられない」
> ・日本の若者の答えは……
> ・「全くそう思う」＋「そう思う」＝80.7%
> ・韓国55.2%、中国43.8%、米国42.9%
> 「私たちが拓く日本の未来」総務省・文部科学省
>
> PP10

生徒1 へーっ！

公民先生： 韓国は55.2%、中国は43.8%、アメリカは42.9%ですから、日本の若者の数字が非常に高い、つまり諦める感情が強いことがわかりますね。

地歴先生： 本当にそれでいいんですか？　諦めていいんですか？

生徒1 いや、だめでしょ！　イギリスのように若者が投票に行かないと社会が後退すると思うんだよね！

生徒2 でも、一人で頑張ってもできることには限界もあるんじゃないかな。

地歴先生： じゃあ、歴史で学んだことを思い出してみましょうよ！　1人の人物の勇気ある行動が歴史を変えた事例を挙げてみよう！
（1分間）▶PP11

> 一人の人物の勇気ある行動が歴史を変えた事例を挙げてみよう！
>
> PP11

生徒1 ガンジー！

生徒2 杉原千畝！

地歴
先生：
さすがは世界史や日本史の生徒たちだね。公民先生はどうですか？

公民
先生：
私はこれです！ ▶PP12 この映画が発表された年代を見てください。何と、1940年ですよ！ あの時代に何という勇気のいったことか。みんなは見たことはありますか？ 私は、映画の最後に民主主義の大切さを蕩々と演説するチャップリンに感動しました！ ところで地歴先生は？

チャップリン『The Great Dictator 独裁者』1940年

PP12

地歴
先生：
私は、もちろんキング牧師ですよ！

生徒1 そうだと思いました！

地歴
先生：
キング牧師といえば「I have a dream.」ですね。キングは1963年ワシントン大行進を成功させ、1964年に白人と黒人が法的に平等となることを公民権法で実現

I have a dream
—Martin Luther King Jr

PP13

させました。その際に、キングのあの有名な「I have a dream.」という演説で多くの人々を引き付けました。では、その演説を聞いてみよう ▶PP13 。
（動画を流す）

地歴
先生：
キングは自分の4人の子供が白人と同じテーブルで食事をとることができる国にしたい。……4人の子供が肌の色ではなく人格で評価される国にしたい、と訴えました ▶PP14 。

「キングは自分の4人の子供が白人と同じテーブルで食事をとることができる国にしたい。……4人の子供が肌の色ではなく人格で評価される国にしたい」と訴えた。
「自分達が目標（夢）を持ち、その目標に向かって歩み出せば歴史（政治）が変わる。その最初の一歩は自分から、そしてその力を徐々に結集して大きな力にして黒人と白人が法的な平等を勝ち得、公民権法を成立させた。」
実は、キングは以前にローザー＝パークスという黒人女性がバスの座席を白人に奪われた事件から黒人に呼び掛けて、バス＝ボイコット運動を展開し、彼女の処罰をなくした事件から始まり、この公民権運動につなげました。最初は、彼と彼の一部の支持者から始まってこの大きな法律を実現させたのです。

PP14

18歳の君へ—203

公民先生： だから、さきほどの「私個人の力では、政府の決定に影響を与えられない」と考える若者に言いたい。そんなことはない！　できると思って行動すればできるんです ▶PP15。私は、この言葉を思い出します。「民主主義は最悪の政治形態らしい。ただし、これまでに試されたすべての形態を別にすればの話であるが……」誰の言葉か知っていますか？ ▶PP16

生徒1： チャーチル！

公民先生： そうです、よく知っていましたね！　それでも民主主義なんですよね。参加しなければ始まらない。自分で考えて意思表示しなければ、政治は動かないし変わらない。歴史から学ぶことができるわけですよね、地歴先生！

PP15「私個人の力では、政府の決定に影響を与えられない」そんなことはない！

PP16 民主主義は最悪の政治形態らしい。ただし、これまでに試されたすべての形態を別にすればの話であるが……
ウィンストン・チャーチル
Winston Churchill 1874-1965

地歴先生： はい。歴史は繰り返すとはよく言うけれど、過ちは繰り返したくない、そう、戦争は二度と繰り返してはいけない。私たち社会科の教員はそうした思いで授業しています。民主主義も間違うことがある、ドイツの歴史から学べますし、自分一人だけではどうせ……と思っても、行動すれば社会は変わることをキングから学べます。最後に生徒のこうした意見を紹介して授業を終わります。

> 生徒3　一票は小さいかもしれないが、大きな影響を与える要因の一つになるから、きちんと知識を得て、それを踏まえて自分の考えを持ち、投票するべきだ。マスメディアの情報はどんどん自分に取り込んでいった方がいいと思うが、ずっと受け取る側にいるのではなくて、立ち止まって考えてみたり、自ら調べてみることでより正確なものにたどり着いたり、新しい考えに出会えるから、上手く活用していきたい。

公民先生： どうか、本校で学んだことを大切に、自分の考えをしっかり持ち、政治について意思決定ができる人、すなわち選挙に行くことのできる人になってください。

（早川尚人）

授業案

時間	内容	担当者
10分	18、19歳の投票率と並木生の意識（データ比較） ●国政選挙の投票率推移と年代別投票率の推移 　選挙に対する意識比較（一般調査と本校生調査）	地歴・公民
15分	発問 若者が、政治に関心を持った事例として思い浮かべることについて話し合ってみよう！ クロスカリキュラム授業　アクティブ・ラーニング 歴史と公民の既習事項を関連させる	地歴
3分	●ワイマール憲法について AL（教えあい） ●ヒトラーの台頭について AL（教えあい）	公民
10分	世界史選択者から日本史選択者へ（グループ毎） 地歴 T による補足説明	地歴
2分	●フロムの「自由からの逃走」について説明・質問 公民 T による説明	公民
10分	●国家総動員法と大政翼賛会について AL（教えあい） 日本史選択者から世界史選択者へ（グループ毎） 地歴 T による補足説明	地歴
5分	●政治的無関心について説明・質問 　公民 T による説明 歴史を変えた人物の行動について 発問 一人の人物の勇気ある行動が歴史を変えた事例を挙げてみよう！（グループワーク） ●キング牧師について説明 　地歴 T による説明 質疑応答 本日の授業のまとめ	地歴・公民

15 外部連携 広義

街の良い点・気になる点を通して政治への関わりについて考えよう

授業難度：基礎
授業科目：特別活動・総合
　　　　　現代社会
時間数：1時間

授業のコンセプト

1. 授業のねらい

①地域社会に暮らす市民として、身近な街の状況を入口に、政治と自分の生活とのつながりを感じる。

②政治・行政だけでなく、一人ひとりの高校生も社会の担い手であることを感じる。

③社会全体にとって大事だと言われているテーマやニュースではなく、生徒自身が関心や実感を生活の中で持っているものと政治の繋がりを考える。

2. 教材について

①ほとんど全ての高等学校で実践可能な内容です。

②東京都の独自科目「人間と社会」用に作成実施したグループワーク教材です。そのため、公民科の授業に限らず、LHR や総合的な学習の時間でも実践できます。

③別途のパワーポイントに加え、模造紙（ワークシート）・マジック・付箋（青・赤・黄）を使用します。

④5人前後のグループに分かれて実施するスタイルです。グループごとの意見や話し合いの結果の違いなどから生徒同士でも学びあえます。予め5人前後の班を作り、机を合わせておきます。また、マジック・付箋（赤・青）・ワークシート（模造紙）を配布しておき、模造紙は半分に折りたたみ、「街の未来を考えよう」とタイトルがある方を上にしておきます（詳細は別途添付のワークシートを参照）。

⑤この授業をうけて、地方自治の仕組みなどの制度の話などへと発展させることができます。

出前授業の様子

3. 外部団体と教育現場の連携方法について

　NPO法人YouthCreateとしてこの1年半で全国40校ほどの学校にて授業をさせていただきました。弊団体が学校（先生）からの依頼に基づき事業を実施する際の工程やこだわりについて参考としてまとめておきます。

①依頼にあたって

　依頼を確定させる前にまずは問い合わせて過去の実績や資料などについての情報を得ることをお勧めします。団体を見極めることができます。実施の依頼を正式に行う際には、事務的な詳細を詰めておく必要があります。謝礼の有無や額、実施までのスケジュールや打ち合わせの回数、アンケートの有無、資料や備品の準備などに関してです。

②プログラム決定にあたって

　YouthCreate担当者から生徒やこれまでの授業内容、年度のカリキュラム、依頼をいただいた理由などについてヒアリングをさせていただきます。また、担当の先生がこの授業を通じて生徒にどのようなことを感じてほしいかなども可能な限りお聞かせ願います。同時に、YouthCreateが持っているプログラムを紹介させていただきながら、今回の授業で何を行うのか、あるいは新しいプログラムを作成するのかなどを決めます。

　また、場所や機材、当日に同席される先生の人数などもお聞きします。

③出前授業当日にあたって

　プログラム内容に関してのやり取りなどを進めながら当日を迎えます。当日どのような形で弊団体のことを先生にご紹介いただくかなどの最終確認を行います。

導入 5分[1]

講師： 皆さん、今年から18歳にも選挙権が与えられたことは知っていますか？
皆さんももうすぐ選挙に行くことになるかと思います。でも政治って遠い話だとかよく分からない、自分とは関係ない……そんな風に感じる人もいるかもしれません。
そこで！　今日は身近な街のことを考えることで、政治についても少しずつ考えるきっかけを作れたらなと思います。よろしくお願いします。ではさっそく、街の未来について考えよう！　ということで……普段暮らしている街の風景を思い出してみてください。
例えば……ちょっとこの写真を見てみて下さい。見覚えがありませんか……？ ▶PP1

PP1

生徒1： 通学路？

講師： そう、みなさんが毎日通っている道の写真です。こんな風に学校へ向かう道の途中だったり（パワポを操作）、学校の周辺だったり（パワポを操作）、実はこんな街の風景にも政治が関わっているものが隠れています。

ワーク① 10分

講師： という訳で、今から学校がある街、家がある街など普段過ごしている街の特徴を思い浮かべながら、<u>その街のよいと思う点についてまずは個人で考えて、スライドの様に赤い付箋に書き出してみてください</u> ▶PP2。
その際、一つの付箋に一つのキーワードを書く様にお願いします。では2分程とるのでお願いします。

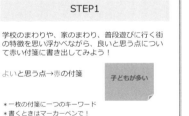
PP2

生徒1： 街の施設が沢山ある。

生徒2： 緑が沢山。

生徒3： 歴史的な建物がある。

講師： みなさん書けましたか？　では次に、街の気になる点について今度は青い付箋に書き出してみて下さい ▶PP3 。

生徒4 車の通りが多い。

生徒5 道が暗い。

生徒6 住民同士の交流がない。

PP3

講師： はい、みなさんありがとうございました。
では、それぞれどんな意見が出たか班の中で共有してください。共有する際は、付箋を読み上げながら模造紙に貼って下さい。

生徒1 私の住んでる街の良い所は図書館や温水プール、テニスコートなど無料だったり、安く利用出来る「街の施設が沢山ある」点です。逆に気になると感じた所は、「緑が少ない」ことだったり、「よくゴミが落ちてること」かなぁ……。

生徒5 僕の街は「お祭りがよくある」ところが楽しくて良いけど、夜「道が暗い」のはちょっと心配な点かな。

ワーク② 5分

講師： どの班も共有できましたか？　それでは次の作業です。今班で出してもらった意見を、今度は似たカテゴリー同士まとめてもらいたいと思います。例えばスライドのように ▶PP4 、「道が狭い」、「バスがよく来る」、「電車の駅が二つある」、「交通量が多い」だったら「交通」というカテゴリーでくくれますね。こんな風に、皆さんの中からでた意見を協力してまとめてみてください。出来上がりはこの写真のような形になります。ではお願いします ▶PP5 。

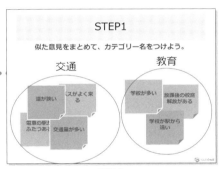

PP4

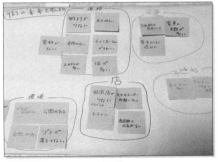

PP5

街の良い点・気になる点を通して政治への関わりについて考えよう―209

生徒2: うちの班で出ている意見は……赤い付箋が「商店街が盛ん」、「学校が多い」、「広い公園がある」、「道路が広い」、「お祭りがよくある」、「緑が沢山」、「歴史的な建物がある」、「大きな駅がある」、「子どもが多くてにぎやか」、「公共施設が沢山ある」とかがあるね……

生徒3: 青い付箋だと、「車の通りが多い」、「道が暗い」、「住民同士の交流がない」、「図書館が勉強禁止」、「お店が少ない」、「不審者が出る」、「夜にバイクの音がうるさい」、「緑がない」、「住民同士の交流がない」、「よくゴミが落ちている」とかが出てるよ。

生徒4: だとすると……「広い公園がある」、「緑が沢山」、「緑がない」辺りは「環境」というカテゴリーに入れられるかな？

生徒5: いや、「広い公園がある」、「図書館が勉強禁止」、「地域スポーツセンターがある」をまとめて「街の施設」というカテゴリーに出来るんじゃないかな？ 先生に聞いてみよう。

生徒3: 先生、「広い公園がある」はどっちのカテゴリーに入りますか？

講師: この意見を出したのは誰かな？

生徒6: 私です。

講師: あなたはどっちのイメージでこの意見を出した？

生徒6: 始めは「緑が多い」というイメージで出しました。でもさっきの話を聞いてたら、「街の施設」もなるほどな……と思いました。

講師: そっか。そしたらどちらの枠にも入れておこうか。

生徒6: そうですね！

講師: はーい、みなさんカテゴリーに分けられましたか？
（間）大丈夫そうですね。それでは、ここからは具体的に街について考えてもらいたいと思います。その為に！ まずは班で一つ扱いたいカテゴリーを選んで下さい。その際、赤と青の付箋両方が沢山入っているものを選ぶと話し合いがしやすくなります。では選んで下さい。

生徒1: うーん、どれが良いかな？ うちの班で出てるのは、「交通」と「環境」、「街

の施設」、「治安」、「人」、「文化」かな……どれが興味ある？

(生徒5) 僕は、「交通」かな。いつも通る道だし。

(生徒3) 私は「街の施設」に興味があるかな？　どうやったら皆が使いやすい施設になるのかとか気になるな〜。あと、「人」カテゴリに入ってる「住民の交流」とかも、「街の施設」を選べば考えられるかなって。

(生徒2) そっかぁ。確かにそうだね。私も公共施設に興味ある。

(生徒4) そしたらうちの班は「街の施設」にしよう。

講師：　はい、どこの班も決まったみたいですね。そうしたら、先ほどまで使っていた模造紙を開いてください ▶PP6 。開くとワークシートが出てきます ▶PP7 （実物イメージは→ p.215）。

(生徒5) （模造紙を開く）

講師：　模造紙が開けたら、テーマの枠の中に選んだカテゴリ名を書き込んでください。また、現状の欄に選んだカテゴリ内の付箋を移動させてください。スライドの写真を参考にしてください。ではお願いします。

(生徒6) カテゴリー名は「街の施設」だね。

(生徒2) 付箋はここに貼って……よし出来た。

ワーク③10分

講師：　ありがとうございます。では、今からやる作業は次の通りです。選んだカテゴリーについて、理想の未来を考えて貰いたいと思います。赤の付箋の良いと思う点がもっとよくなった状態はどんなだろう、青い付箋の気になる点がよくなった状態はどんなだろう、と考えてみて下さい。今回は班員と話し合いながら、出た意見をどんどん黄色い付箋に書いて貼るというやり方でお願いします。はい、

PP8

街の良い点・気になる点を通して政治への関わりについて考えよう—211

スタートです ▶PP8。

(生徒6) 赤い付箋の「街の施設が沢山ある」は……「使いやすい街の施設が増える」かな。

(生徒1) 「色んな年代の人が使える施設にする」もありだね。

(生徒2) 確かに。私だったら、ただ建物があるだけじゃなくて「交流イベントの企画」をやってくれるところが良いなー。

(生徒3) 「広い公園がある」についてはどう？

(生徒4) うーん、「もう一つ作る」とかかな？

(生徒5) それもいいけど、「安全な公園にする」とかは？

(生徒6) なるほど。ただ広ければ良い訳じゃないもんね。

(生徒1) 公園を使ってイベントをするとかでも良いかも。交流が生まれると思うし。

(生徒2) いいね〜。じゃあ逆に気になる点であった、「図書館で勉強禁止」はどうしよう。

(生徒3) 「図書館のルールが変わる」とか。

(生徒4) 「読書スペースと勉強スペースを分けてもらう」とかは？　そういうところもあるよね。

(生徒5) そもそも「図書館以外の勉強場所」があればいいんじゃないかな。

(生徒6) そうだね！

ワーク④10分

講師： みなさん出来ましたか？　では最後に、今出してもらった理想の状態に向けて、どんなことが出来るのか。「自分たちが出来ること」、「政治が出来ること」それぞれに分けて考えてもらいたいと思います[1]。それではお願いします。

(生徒1) うーん安全な公園にするとかは政治の仕事かな？　例えば、公園に柵を作ったり、電灯を設置したり……。

う〜ん

(生徒2) 見回りをしたり、とかは地域の住民で出来ることだから「自分たちができること」に当てはまるかもね。

(生徒3) 街の施設での交流イベントとかは、職員の人たちと協力して自分たちで企画出

来そう。

生徒4 いろんな年代の人がっていうのは……例えばバリアフリーの施設にする、だったら政治の話になるかもね。

生徒5 図書館の件は……図書館に「どうして勉強場所が必要なのか」の理由を話して、全部じゃなくてもスペースをつくってもらうことは出来るかもしれないね。

生徒6 そうだね！　これは自分たちでできることだね。図書館以外の勉強場所になると……新しい施設を作るとかだったら政治が出来ることになるのかな？

全体共有5分 ・・・・・・・・・・・・・・・・・・・・・・・・・・・・・・・・

講師： 皆さんまだまだ話は尽きないと思いますが……班ごとにどんな話が出たか、クラスに向けて共有をお願いします。じゃあ……ここの班お願いします。

生徒1 はい。（模造紙を持って）私たちの班は「街の施設」を選びました。「街の施設が沢山ある」、「広い公園がある」、「図書館で勉強禁止」などの意見が最初に出てきました。そこから理想として「色々な年代の人が使える施設にする」、「安全な公園にする」、「読書スペースと勉強スペースを分けてもらう」などが実現出来ればいいな……という話になりました。

講師： なるほど。じゃあその為に「自分たちができること」、「政治ができること」としてはどんな意見が出たのかな？

生徒2 自分達ができることとしては、公園の安全を守るための見回りや図書館に意見を出すこと、施設を使っての交流イベントの企画などがあがりました。意見を出したり、交流イベントの企画というのは高校生である私たちにも出来ると思います。

生徒3 政治が出来ることとしては……「施設をバリアフリーにする」であったり、「公園に柵や照明を設置する」など、使い方というよりも建物自身や置くものについて意見が出た感じです。

講師： はい、皆さん拍手 ── 。なるほど。幅広い施設を想定したのですね。使い方に関しては自分たちが出来ること、ものについては政治が出来ることとしたのは面白い見方だと思いました。色々な年代が使いやすい、といった時に「交流」という視点と「バリアフリー」という全然違う報告からのアプローチがあったのも良かったと思います。ありがとうございました。

街の良い点・気になる点を通して政治への関わりについて考えよう─213

まとめ5分

講師： 18歳選挙権がやってきた……ということで今日は皆さんに政治について考えてもらった訳ですが、どうでしたか？ 普段なんとなく過ごしている街を見てみると、「もっとこうなったら良いのにな……」という点が見えてきたと思います。そんな理想の街をつくる為には様々な案を出してもらいましたが、実現に向けて自分たちが出来ることと政治が出来ることのそれぞれがありました。

政治とは実は今日体験してもらったような街をどう良くしていこうか、という点にも関わる身近なものです。

例えば、みんなに考えてもらった以外にも、防犯カメラの設置や災害マップの作成、避難所の整備といったところにも政治は関わっています。

この図のように遠い話ではなく、社会や街があって、それをよくしていく働き、それが政治なんだということを今日は感じてもらえていたら嬉しいなと思います ▶PP9 。

PP9

今日はありがとうございました。

① この授業では、「税金が関わっているもの」、「法律や条例などのルールに関わるもの」を政治と定義しています。生徒の自由な発想を尊重したいため、直接その定義を伝えることはしませんが、政治が出来ること、自分が出来ることの区別についてアドバイスをする際にこの定義を用います。

（Youth Create　原田謙介　浜田未貴）

別紙ワークシート見本（全体像）

＊始めは模造紙を折り、下半分（ワーク①・②で使用）のみを見える形にしておく。上
半分はワーク③・④で使用

テーマ	

現状	
理想	
出来ること	自分たち　　　　　　　　　　　　政治

街の未来を考えよう

街の良い点・気になる点を通して政治への関わりについて考えよう―215

監修・執筆

　橋本　康弘　福井大学教授

　藤井　　剛　明治大学特任教授

編集・執筆（50音順）

　大畑　方人　東京都立高島高等学校

　小貫　　篤　筑波大学附属駒場中・高等学校

　大塚　雅之　大阪府立三国丘高等学校

　金子　幹夫　神奈川県立平塚農業高等学校初声分校

　河村　新吾　広島市立舟入高等学校

　黒崎　洋介　神奈川県立瀬谷西高等学校

　黒田　和義　岡山県立岡山芳泉高等学校

　斎木　英範　大阪府立北千里高等学校

　杉浦　真理　立命館宇治中学校高等学校
　　　　　　　立命館大学非常勤講師

　杉田　孝之　千葉県立津田沼高等学校

　長束　倫夫　千葉県立浦安南高等学校

　浜田　未貴　NPO法人YouthCreate

　早川　尚人　茨城県立並木中等教育学校

　原田　謙介　NPO法人YouthCreate
　　　　　　　岡山大学非常勤講師

（所属は現在または執筆時の所属校）

デザイン　　　上迫田智明
DTP制作　　　株式会社　新後閑

授業LIVE 18歳からの政治参加
アクティブ・ラーニングで学ぶ　主権者教育【授業事例集】

2017年　9月15日　　初版発行

監　修　　橋本康弘　　　藤井　剛
発行者　　渡部 哲治
発行所　　株式会社 清水書院
　　　　　〒102-0072　東京都千代田区飯田橋3-11-6
　　　　　電話　03-(5213)-7151
印刷所　　図書印刷 株式会社
製本所　　図書印刷 株式会社

定価はカバーに表示

●落丁・乱丁本はお取り替えいたします。

本書の無断複写は著作権法上での例外を除き禁じられています。複写される場合は，その
つど事前に，（社）出版者著作権管理機構（電話03-3513-6969，FAX03-3513-6979，
e-mail：info@jcopy.or.jp）の許諾を得てください。

ISBN 978-4-389-22587-2 C3037　　　　　　　　　　　　Printed in Japan